みんな わくわく

小学校国語

物語文の言語活動アイデア事典

二瓶 弘行 [編著]

国語"夢"塾 [著]

明治図書

もくじ

第1章
教師がドキドキときめきながら
言語活動を構想しよう

❶私の教室の言語活動―物語『世界一美しいぼくの村』……006
❷物語の言語活動をどう組織し,展開するか……008

第2章
単元計画から子どもの作品まで全部わかる
物語文の言語活動例20

1年／けんかした山
6年生に「けんかした山」の紙芝居を見てもらおう！……012

1年／おおきなかぶ
「おおきなかぶ」の劇をしよう！……020

1年／ゆうやけ
せりふを増やして音読劇をしよう！……028

2年／名前を見てちょうだい
「○○読み」で登場人物の行動を具体的に想像しよう！……036

2年／アレクサンダとぜんまいねずみ
人物関係図とお話の地図でレオ＝レオニの世界を紹介しよう！……044

2年／お手紙
人物像をそのままに，2人の物語をつくろう！……052

3年／ちいちゃんのかげおくり
2回出てくる場面を「くらべるフレーム」で比較しよう！……060

3年／モチモチの木
ファンタジーの世界の体験を「行って帰るフレーム」でまとめよう！……068

3年／サーカスのライオン
じんざの気持ちに寄り添い，感想を伝えよう！……076

4年／ひとつの花
感想を伝え合い，作品の感じ方を深め，広げよう！……084

4年／世界一美しいぼくの村
物語のつながりを発見しよう！……092

4年／白いぼうし
想像をふくらませて「なりきり日記」を書こう！……100

4年／ごんぎつね
人物の心が近づく様子を「2人のフレーム」でとらえよう！……108

4年／走れ
登場人物の変容をとらえて「作品まとめ」を書こう！……116

5年／大造じいさんとガン
「堂々作戦」を提案しよう！……124

5年／注文の多い料理店
「くふう発見リーフレット」で表現の工夫を紹介しよう！……132

5年／世界でいちばんやかましい音
「チェンジカード」で心情や情景の変化を伝えよう！……140

6年／やまなし
賢治作品でリテラチャーサークルをしよう！……148

6年／海の命
人物の生き方について語り合う「生き方交流会」を開こう！……156

6年／風切るつばさ
「風切るつばさ」パンフレットをつくろう！……166

第1章
教師がドキドキときめきながら
言語活動を構想しよう

❶私の教室の言語活動―物語『世界一美しいぼくの村』

　4年生の国語教科書（東京書籍版下巻）に一編の物語が掲載されている。小林豊の『世界一美しいぼくの村』。

　私は1人の読者として，美しいアフガニスタンの風景の挿絵がついた，この物語をはじめて読んだとき，強い文学的感動を体験した。

　数十年に及ぶ内戦時代のアフガニスタンに生きる少年「ヤモ」の一日を描いたこの作品には，大きな事件と言えるような出来事は起こらない。ただ，作品全体の至るところに戦争のにおいを感じさせる表現が伏線として置かれ，読者は先の展開に，ある種の不安を抱きながら読み進めることになる。

　けれども，終末場面の村に戻ったヤモの様子に健気さと微笑ましさを感じ，ヤモの「春」を待つ心に共感しながら，「でも，春はまだ先です」の一文を読む。大人の私でさえ，そのような読みをする。まして4年生の子どもたちは，ヤモの様々な心の動きに深く同化するだろう。

　教科書では，「でも，春はまだ先です」の後，ページをめくって，最後の場面が描かれている。たった1行だけの最後の場面。

> 　その年の冬，村は戦争ではかいされ，今はもうありません。

　この作品の最終の1行で，読者は強い衝撃を受ける。私も，もちろん4年生の子どもたちも。

　たった1行のわずかな言葉が，それまでの作品全体の読みを覆す。作品の心（その物語が読者である自分に最も強く語りかけてくること＝主題）さえも根本から変わる。

　この『世界一美しいぼくの村』は，そんな文学作品を読むことの「おもしろさ」（文学的感動）を体験する，実に優れた学習材性をもつ。

　私の国語教室で，この『世界一美しいぼくの村』をもち込む。

物語を自ら読み進める「自力読みの観点」を獲得すること，「語り」（相手意識を重視した音声表現）の方法を学ぶこと。これらを学習目標として設定するとともに，ある「１時間の授業」を強く意識した，一連の言語活動を構想した。

　単元導入の１時間目，子どもたちに『世界一美しいぼくの村』を印刷したプリントを配った。全員で音読して読み進める。
　私は，最後の「その年の冬，村は戦争ではかいされ，今はもうありません」の一文を伏せた。まだ下巻の教科書が手元にない子どもたちは，この「最後の一文」が存在しない作品を，１つめの『世界一美しいぼくの村』として読む。
　単元の学習は，その後，読解と対話と語りという様々な言語活動を展開しながら続いていく。そして，１つめの『世界一美しいぼくの村』の作品の心（主題）をそれぞれがまとめる段階まで来た。
　ある子は自分の作品の心を「不安とうれしさの先に希望がある」ととらえた。繰り返すが，それまでの十数時間，すべての学習は，「最後の一文」のない「世界一美しいぼくの村」を対象としている。
　そして，単元終末段階に設定した「１時間の授業」。
　その授業が半ばを過ぎたとき，私が，子どもたちに話す。
　「実は，小林豊さんの創った『世界一美しいぼくの村』には，この続きがあります。たった１ページに，１つの場面が描かれています」
　Ｂ４判の中央に，最後の一文「その年の冬，村は戦争ではかいされ，今はもうありません」をぽつんと載せた１枚のプリントを配付した。
　プリントを読む子どもたちは，だれも一言も発しなかった。いつもは賑やかなまでに反応する教室に，シーンとした静寂のみが漂った。
　そんな子どもたちに，「破壊されたものは何か」と私が聞いた。ある子は「ヤモの心」と答え，ある子は「家族のつながり」と答えた。
　作品の心を「不安とうれしさの先に希望がある」ととらえた前述の男子に，

「この一文で，作品の心は変わるか？」と聞いた。彼はうなずいたが，その後の言葉に詰まり，そして，頭を抱え込んだ。

　この授業は，本校の研究発表会で公開した。多くの先生方が教室に参観に来られた。北海道の先生の参観記が手元にある。

> 　６月の公開研究会での『世界一美しいぼくの村』の授業。子どもたちは，２か月の間にすでにかなり遠くまで歩いていた。「作品の星座」によって自らの作品世界を創造し，その世界を「語り」によって表現しようとしていた。（略）
> 　そんな私の目が，目の前の子どもたちに釘づけになったのは，授業も終わりに近づいたころだった。二瓶先生は，それまで伏せておいた作品の最後の一文を子どもたちに突きつけた。子どもたちは，それまで最後の一文を欠いた文章を作品として読んでいた。二瓶先生が突きつけたそのわずか一文によって，それまでの読みが崩れ去っていく。
> 　思い沈黙の中，頭を抱える子どもの姿に思わず涙が出そうになり，二瓶先生のしかけに残酷ささえ感じた。授業後，その子は，二瓶先生のもとへ駆け寄っていった。「作品の星座」を書き直すための用紙を受け取りにいったのだ。
> 　残酷さは二瓶先生のしかけにあるのではなく，作品そのものにある。そしてその残酷さこそがこの作品の力なのだ，と気づいた。そうした作品の力に挑んでいく子どもたち，それが二瓶学級の「夢」の実現に動き出した子どもたちの姿であった。

❷物語の言語活動をどう組織し，展開するか

　一編の物語がある。一編の説明文がある。それは，当たり前だが，子どもたちに新たな「言葉の力」を獲得させるための学習材である。

私は，どうすれば，その物語で言葉の力をはぐくむことができるかを思い悩み，一連の言語活動を組織し，国語単元を構想する。
　単なる「言葉の力の教え込み」なら，効率的に言語活動を展開する授業を積み重ねればいい。教師の発問課題を中心に，読解プリントを与え続ければ，きっとテスト学力はついていくだろう。
　けれども，おそらく，そうして獲得した力は彼らの「生きる言葉の力」とはならない。読むこと，書くこと，話し聞き伝え合うことのおもしろさ（同時に，困難さ）を学ぶことを通して，言葉の力は彼らの真の力となる。
　前述の"2つの『世界一美しいぼくの村』"の実践は，そんな私の思いから構想した国語単元である。たった「1時間の授業」を核として，十数時間の単元の流れをあれこれと思いめぐらす。その際，いつも私の脳裏には，その1時間での教え子たちの姿がある。どんな反応を示すか，どんな表情をあの子はするのか。
　その構想の過程は，きっと一編の「ドラマ」を創造するのと同じ。

　2年生の子どもたちと，上野動物園で，はじめて出会う人たちを相手に「動物博士」になって大好きな動物の解説をする単元を実践した。
　池袋のサンシャイン水族館では，「海の生き物博士」になった。この動物園や水族館でのわずか数時間の「夢」の実現のために，2年生の子どもたちは，学習材となる説明文を読解し，説明文を書き，そして，音声表現の学習を自らの意志で展開した。
　3年生の子どもたちと，『ハリー・ポッターと賢者の石』を学習材に，長編文学作品単元に挑んだ。あらすじをまとめ，人物関係図を作成した。そして，単元最終段階で，都内の映画館に全員で行き，観客相手に「賢者の石」のあらすじを説明し，最も好きな場面を語った。十数時間に及ぶ単元の「夢」の実現である。
　4年生の子どもたちと，新美南吉の『ごんぎつね』を中心に，数十編の南吉作品を多読し，その「作品の星座」を作成するという単元を展開した。そ

の単元の「夢」は，自分たちの学習記録を南吉の故郷である愛知県半田市の新美南吉記念館に届けること。その「夢」の実現のために，彼らは，新たに獲得した自力読みの観点を駆使して，作品を詳細に読解し，自分の選択した南吉作品の「作品の星座」を自分の力で完成した。そして，40人全員で東海道新幹線に乗り，記念館への旅を決行した。この「ドラマ」は，さらに思わぬ発展をし，南吉の母校である岩滑小学校の子どもたちとの交流という貴重な機会も加わった。彼らが，館長さんに直接手渡した学習記録集は，記念館に今でも展示保管されている。

　5年生の子どもたちと，星野富弘の詩画集と手記『深き縁より』を学習材に，星野さんの「半生の記」を記述するという，読解と表現を関連づけた伝記単元を展開した。そして，群馬県東村（当時）の富弘美術館の館長さんにお願いし，自分たちの書いた「星野富弘の伝記」と星野さん宛の手紙を届けてもらった。後日，星野さん自身から礼状が届き，「夢」は達成された。

　5年生の子どもたちと，宮沢賢治の64作品を学習材に，自己選択作品の「作品の星座」作成とクライマックス場面の「語り」表現を中心にした単元を実践する。彼らの抱いた「夢」は，岩手県花巻の童話村と宮沢賢治記念館を実際に訪れ，そこで賢治を愛する，見知らぬ訪問客に賢治作品を語ること。単元の最終段階を迎えた日曜日，40人みんなで東北新幹線に乗った。

　6年生の子どもたちと，立松和平の『海のいのち』を中心学習材に，詳細な読解を基に，自分の「いのち」物語を書くという創作単元を組んだ。作者に届け，読んでもらう「夢」を実現するために。

　卒業単元として，倉本聰『北の国から』を読むというシナリオ単元を展開する。彼らの「夢」の形としての学習記録集は，今でも，北海道・富良野の「北の国から資料館」の二階に展示されている。

　教師がドキドキときめきながら構想した言語活動は，子どもの心を必ず揺する。そして，生きた言葉の体験として，深く心に刻まれる。

　国語単元は，「ドラマ」でなければならないと思う。そんな単元を構想すること，子どもと創ること。それこそが，国語教師の喜び。

第2章
単元計画から子どもの作品まで全部わかる
物語文の言語活動例20

1年 けんかした山

6年生に「けんかした山」の紙芝居を見てもらおう！

単元計画（7時間）

次／時		学習活動	・指導／●評価
第1次 1時	1	教師のつくった，山の輪郭だけの紙芝居を見て，問題点を話し合う。	・問題点と単元で指導することを一致させるように留意する。
	2	6年生に紙芝居を見てもらうことを知り，「6年生に100点満点の紙芝居を見てもらおう」という目標を立てる。	
	3	紙芝居は場面によって枚数を決める必要があることを知り，場面を分ける。	・時間が経つことで場面が変わることを重点的に指導する。
	4	次時以降の見通しをもつ。	●紙芝居づくりに見通しと意欲をもって取り組んでいる。（発言）
第2次 2時	1	1の場面を音読する。	・教科書の挿絵ではなく，本文を手がかりにして描き込めるようにする。
	2	ワークシートに，自分が考えた山の表情や，場面の様子を描き込む。	・子どもの描いた絵について，「なぜこれを描いたの？」「どうしてこの表情なの？」と問い返していく。
	3	描き込んだ場面の様子を全体で交流する。	
	4	ペアになって，1の場面の紙芝居をつくる。	・ペアで話し合いながら作成するようにする。
	5	ペアで紙芝居を読む練習をする。	●叙述から場面の様子や登場人物の行動を想像している。（ワークシート・紙芝居）

3時	1　2の場面を音読する。 2　ワークシートに，自分が考えた山の表情や，場面の様子を描き込む。 3　描き込んだ場面の様子を全体で交流する。 4　ペアになって，1の場面の紙芝居をつくる。 5　ペアで紙芝居を読む練習をする。	・教科書の挿絵ではなく，本文を手がかりにして描き込めるようにする。 ・子どもの描いた絵について，「なぜこれを描いたの？」「どうしてこの表情なの？」と問い返していく。 ・ペアで話し合いながら作成するようにする。 ●叙述から場面の様子や登場人物の行動を想像している。（ワークシート・紙芝居）
4時 ～ 6時	以下3～5の場面も同様に学習していく。	
7時	1　いくつかのペアの紙芝居を聞いて，音読のポイントを理解する。 2　ポイントを踏まえて，ペアで音読練習を行う。 3　6年生にどんな感想をもらいたいか考え，目標を立てる。	・ペアの音読について，他の子どもによかったところを発表させるなどして，音読のポイントをつかんでいく。 ●すらすらと音読している。（観察）
8時	1　6年生に紙芝居を見てもらう。 2　6年生から感想アンケートをもらう。 3　単元の振り返りを行う。	・アンケートは，指導事項と一致する質問項目を設定する。 ・アンケートを参考にして，「絵とお話が合っていたか」「すらすらと読むことができたか」などの観点で振り返る。 ●音読のポイントを踏まえて紙芝居を読んでいる。（観察）

言語活動の概要

　「けんかした山」は，物語が場面の変化によって展開していくことを教えるのに，最適な教材の１つです。時間の経過によって場面が変わっていくことがとらえやすく，場面ごとにその様子も大きく変わるため，紙芝居をつくる言語活動にも適しています。

　そこで，教材の特質，低学年の指導事項，紙芝居という言語活動の３つががっちりと噛み合う単元を構成しました。

　「けんかした山」の紙芝居をつくることを通して身につけさせたい力は，以下の通りです。

・場面がどのように移り変わるかがわかる
・場面の様子や登場人物の行動を具体的に想像できる
・語のまとまりや響きに気をつけて音読することができる

　この単元の言語活動では，紙芝居づくりをペアで行います。低学年では「自分の考えを話し合おう」という交流・対話の形態はまだ難しいので，２人の子どもの間に紙芝居を挟むことで，それを媒介にして対話が生まれることを期待しています。
　「ここはこんなふうに描いてみようか」
　「うん，いいね」
　「もっと大きくしてみようよ」
　「なるほど，でもね…」
　２人が共通してのぞき込む紙芝居の上で，対話的な学びが展開されていきます。
　紙芝居づくりの言語活動は，低学年，とりわけ１年生で目指したい，互いの考えや想いをいきいきと伝え合う姿を実現するという点においても，有効であると考えます。

言語活動の実際

❶紙芝居をつくるために，5の場面の様子を読む（第6時）

　これまでの学習の積み重ねで，子どもは，山の表情や色，空の色などを，叙述を基に考えればよいことをつかんでいます。この時間の課題についても，子どもから「紙芝居をつくるためだよね」とすんなり出てきます。

　5の場面は，噴火した山が何年も何年も，長い時間を経たことで，元通りになった場面です。音読が工夫できるところあり，みんなで読み深めることができるところありと，非常におもしろい場面です。

T　山はどんな顔をしているかな？
C　けんかが終わったから，ほっとした顔にしたよ。
C　山が2人でおしゃべりしてるのを描いたよ。
C　私は，お日さまもほっとした顔にしたよ。
C　ぼくは，お月さまにしたよ。お月さまは2の場面で，山のことを心配していたから。
T　すごいね。前の場面とつなげて考えたんだね。

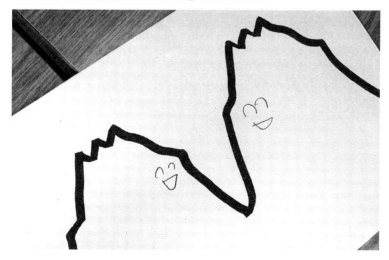

5の場面は，緑が見えることを考えると昼であると解釈するのが妥当ですが，前の場面と比べる読み方のおもしろさについても触れました。

T　他には何を描いたかな？
C　けんかが終わったから，動物が戻ってきたよ。
T　色はどんな色かな？
C　緑に包まれましたって書いてあるから，緑だね。

　この場面で，子どもは感覚的に「山のけんかが終わって，仲直りした」ととらえています。しかし，本文からは「何年も経った」ことと，「緑が戻った」ことしかわかりません。なんとなく読んでいたことを，改めて問い返して考えさせていくことで，学級の学びが深まっていきます。

T　「仲直りしました」って，どこにも書いてないんだよね。どうして仲直りしたとみんなは思うの？
C　う〜ん…。
T　仲直りしたって，どこからわかるかな？
C　何年も経ったからかな。
C　緑は安心する色だと思うよ。だから仲直りしたと思うよ。
C　緑に包まれました，だから，安心に包まれました，だね。
T　そうか，3の場面（噴火）は，みんな赤で塗っていたもんね。緑は安心の色なんだ。

　こうして，全体で紙芝居に表す場面のイメージを共有し，ペアで実際に紙芝居をつくっていきます。

❷紙芝居を読む練習をしよう（第7時）
　紙芝居をつくるために何度も読んだ物語ですから，すらすらと読むこと自体はほぼできています。暗記するまで読み込むことよりも，紙芝居をつくるために注目してきた場面の様子を表す言葉の読み方にこそ，工夫をさせたいものです。もちろん，6年生という相手意識を十分にもてるようにすることも大切です。大好きな6年生に見てほしいという気持ちこそが，1年生を動かす最大のエンジンでもあるのです。

T　6年生から100点満点をもらえる読み方って，どんなものかな？
C　すらすら読むことかな。
C　聞こえる声で読まないとね。
C　つっかえないようにしたいな。

　こうして，「すらすら，はっきり大きな声で」という音読の目標を立てていきます。

T　そういえば，お日さまは怒った顔で，お月さまは心配そうな顔で描いた

ペアがあったね。
C　お月さまは女の人みたいな，優しい話し方だったよ。
C　じゃあ，優しく読んだらいいね。
C　お日さまは怒ったように読んだらいいんだね。
T　なるほど，その工夫はいいね。

T　じゃあちょっと先生が読んでみるよ。
　　　…
C　そこは繰り返すんだよ。
T　あっ，そうだったね。繰り返すときに，どうやって読んだらいいかな？
C　ちょっとゆっくり読んでみたらいいかな。
C　強く読んでみたらいいかもね。

　紙芝居を見てくれた6年生にはアンケートをお願いし，「お話と絵が合っていたか」「すらすらと読めていたか」を評価してもらいます。さらにひと言コメントをつけてもらうことで，1年生にとっては「6年生に見てもらえてよかった」「ほめてもらってうれしいな」と，国語の学習を振り返ったときに，大きな達成感を得ることができます。

（佐藤　拓）

1の場面の紙芝居は，山もお日さまも怒った顔ですが…

5の場面では，動物も戻ってみんな穏やかな顔に

第2章 物語文の言語活動例20

1年　おおきなかぶ

「おおきなかぶ」の劇をしよう！

単元計画（6時間）

次／時	学習活動	・指導／●評価
第1次 1時	1　「おおきなかぶ」の劇を演じることを通して、物語の学習を進めていくことを知る。 2　幼稚園・保育園の経験を想起しながら、劇に必要な要素を考える。	・いろいろな人が出てくることや、せりふをしゃべる必要があることを押さえる。 ●劇を演じることに見通しをもち、意欲的に取り組んでいる。（観察）
第2次 2時	1　登場人物について知る。 2　登場人物の出てくる順番を勝手に変えてはいけないことや、かぶが登場人物ではないことを確かめる。 3　「おおきなかぶ」には、6人の登場人物がいることを確かめて、次時以降の見通しをもつ。	・自分で動いたり、しゃべったり、考えたりするのが登場人物であることを確認したうえで、かぶが登場人物かどうかを考える。 ●登場人物について理解し、劇を演じるときの見通しをもっている。（観察）
3時	1　6人グループをつくり、グループの中で役割を決める。 2　1つのグループに演じさせる。その中で、「種を蒔き終わったおじいさんはなんて言うかな？」「大きなかぶになったのを見たおじいさんは、どんなふうに驚くの？」などと問いかけて、動作化させていく。 3　振り返りを行う。演じた劇の中でおもしろかったところや、自分たちが	・叙述にない登場人物のせりふや行動を想像させ、「オリジナルのことば」「オリジナルのうごき」などと名詞化して考えさせる。

		劇をするときに真似したいところをあげさせる。	●劇を演じることを通して，登場人物の行動を具体的に想像している。（観察）
4時	1	前時の確認を行い，登場人物の順番を守ることや，前時に動作化されたことを思い出す。	・叙述にない登場人物のせりふや行動を想像させ，「オリジナルのことば」「オリジナルのうごき」などと名詞化して考えさせる。
	2	別のグループに演じさせる。おじいさん以外の登場人物について，動作化できるところや，叙述に表れていないせりふなどを考えさせる。「おばあさんは，孫をどう呼んだのかな？」「そのとき孫はどう答えたのかな？」など問いかけながら，劇を進める。	
	3	振り返りを行う。演じた劇の中でおもしろかったところや，自分たちが劇をするときに真似したいところをあげさせる。	●劇を演じることを通して，登場人物の行動を具体的に想像している。（観察）
5時	1	前時の確認を行い，登場人物の順番を守ることや，前時に動作化されたことを思い出す。	・叙述にない登場人物のせりふや行動を想像させ，「オリジナルのことば」「オリジナルのうごき」などと名詞化して考えさせる。
	2	別のグループに演じさせる。かぶが抜けたときに，かぶ役の教師が声を出すことで，「かぶは登場人物ではない」ということを定着させる。	
	3	振り返りを行う。	●劇を演じることを通して，登場人物の行動を具体的に想像している。（観察）
6時	1	いくつかのグループの劇を行い，全員で見合う。	・今までの劇から得られた，演じるポイントを確認して活動に入る。
	2	見合った後に単元を通した振り返りを行う。自分たちのグループの劇を自己評価したり，他のグループの劇を評価したりして，指導事項の定着を図る。	・登場人物の順番，「オリジナルのことばやうごき」などに焦点を当てて振り返りを行う。 ●劇化する際のポイントを理解して，振り返りをしている。（観察・ノート）

言語活動の概要

　「おおきなかぶ」を劇化する言語活動は，これまでも多くの実践が行われています。１年生の教材ということもあって，劇化による内容理解や，「お話の勉強っておもしろい！」と思わせることをねらって，劇の言語活動を計画することも多いでしょう。しかし，ただ劇化しただけでは当然「活動あって学びなし」，子どもは「あぁ楽しかった！」で終わってしまいます。
　活動することのよさやおもしろさを実感させるのはもちろんのこと，１年生から６年生まで，そして，生涯にわたって残る，物語を読むための力を身につけさせるものにしていかなくてはなりません。

　「おおきなかぶ」を劇化することを通して身につけさせたい力は，以下の通りです。
・登場人物がだれなのかわかる
・物語の順序の重要性がわかる
・登場人物の行動を理解し，心情を想像することができる
・物語を楽しんだり，自分と登場人物を比べたりすることができる

　さらに，活動に取り組むことでついた力を確実なものにするためには，「振り返り」が重要になってきます。活動に取り組む，活動を進めることは，振り返りまでを１つのまとまりとして考える必要があります。
　教師が指導するポイントや，子どもが活動するうえで注意するポイントを踏まえた振り返りを行うことで，子どもは「どんなことをしたか，どんな力がついたか」を意識することができ，活動の質をさらに引き上げることができるでしょう。
　言語活動を行うと，まさに活動部分にフォーカスを当てがちですが，終わった後の振り返りについても，子どもに見通しをもたせていきたいものです。

言語活動の実際

❶みんなで劇を演じる（第3～5時）

　6名の登場人物の役をグループの中で決めさせ，それぞれの登場人物のカードを首から提げます。かぶ役は教師が，地の文は役に当たっていない子どもが担当します。

　いよいよ劇の始まりです。

　劇化の活動は始まったばかりですから，教師の介入が必要な場面が多々あります。最初の段階では，上手に演じることよりも劇の進め方を全員が理解することに焦点を当てます。

　また，登場人物の行動や気持ちを想像させながら，それが演技に反映されるように，劇を適宜止めて声をかけていきます。

T　おじいさんはかぶの種をどんなふうに蒔いているのかな？
C　こうやって，パラパラって。
C　もっと優しく蒔いているかも。
C　「大きくなあれ」って言いながらやっているよね。
T　そうだね，それを考えながらやってみるといいね。

　こうして，劇に不可欠な動きやせりふが追加されていきます。実際の授業では，「オリジナルのことば」として，子どもが各自で考えたせりふを言いながら劇を演じました。

T　おじいさんはだれを呼ぶんだっけ？
C　おばあさんを呼ぶんだよ。
T　じゃあ，教科書には書いてないけど，ちゃんと呼ばないとね。
C　「おおい，おばあさあん」って呼ぶといいかな。
C　「手伝っておくれ」とかかな。

T　なるほどね。他にはあるかな？
C　「かぶが抜けないから，助けて」って言うかもしれないね。

　こうして，子どもは他の登場人物についても，
「ねずみは屋根裏にいるんじゃない？」
「孫はお勉強している途中だったんだよ」
などなど，想像を広げていきます。
　だれかの呼びかけに応えて，自分で考えて自分で動く，という登場人物の要件を，劇を通してつかんでいきます。

C　うんとこしょ，どっこいしょ！
T　（かぶ役）やったあ！　やっと抜けたよ！
C　違うよ！　かぶは登場人物じゃないから，しゃべっちゃダメだよ！

T　あ，そうだったね。ごめんごめん。

　教師がエラーを見せることでも，指導事項，学習内容を定着させていきます。この場面のやりとりでわかるように，「おおきなかぶ」は，登場人物とは何かを考えるのに適した教材です。6年生になっても使える知識は，徹底して反復していく必要があります。
　こうやって，数時間かけて何度も劇化を行っていきます。子どもは少しずつ，登場人物とは何かを理解し，「オリジナルのことば」や動きを考え，劇の中で実践したがるようになります。

❷自分たちの劇を振り返る（第6時）

　劇の後は，視点を明確にした振り返りが重要になります。
　活動，単元を通して学んだことを定着させるためにも，「活動あって学びなし」に陥らないためにも，子どもが何を学んだかを明確にさせる必要があります。
　視点を明確にするためには，「教師が何を指導し，何を考えさせたか」に一度立ち返ることが必要です。

T　今日のチームの劇はどんなところがよかったかな。
C　登場人物の順番が正しかったね。
T　これを間違えると大変だからね，ばっちりだったね。
C　「オリジナルのことば」がたくさんあったよ。
T　みんなよく考えていたよね。
C　かぶを抜くときの声がそろっていたよ。
T　みんなで「力を合わせて抜いているんだから，声がそろっていた方がいい」って考えたからね。
C　今日の劇もばっちりだね。

1年生なので，振り返りは，教師とのやりとりやノートに◎などの記号を書くことで行います。

　「とうじょうじんぶつ◎◎◎」のように，記号の数で劇を自己評価したり，あるいは友だちの劇を評価したりすることを繰り返して，学習内容の定着と「よし，自分も◎が3つになるようにがんばるぞ」という意欲をもたせるようにします。

　振り返りは，単元の最後だけでなく，劇化を行った時間のすべてで行います。しつこいくらいの反復を経て「登場人物とは何か」「このときの登場人物は何を考えているのか」などを，子どもに思考させ続けるように活動を進めていくことが大切です。

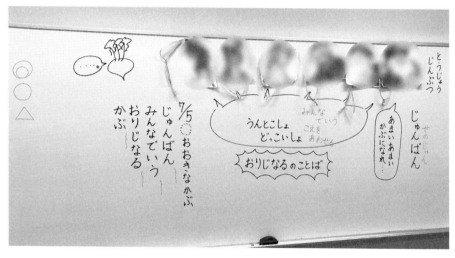

（佐藤　拓）

声を合わせて，かぶ役の教師を引きます

役柄の順番やお互いが呼び合うときの声を相談します

1年　ゆうやけ

せりふを増やして音読劇をしよう！

単元計画（10時間）

次／時	学習活動	・指導／●評価
第1次 1時	1　題名読みをする。 2　教師による範読を聞く。 3　感想を交流する。	・「ゆうやけ」という題名を音読させた後，ゆうやけを見た経験を出させる。 ・どんな人物が何をするかに気をつけながら聞くようにする。 ・おもしろかったところや，心が動いたところなどを，理由をつけて話すようにする。 ●ゆうやけの話を楽しみながら読もうとしている。（観察）
2時	1　全文を音読する。 2　登場人物を確認する。 3　会話文の数を数える。 4　「せりふが少ないからもっとふやそう」という課題を生み出す。 5　せりふを考えたら音読劇をして発表するという見通しをもつ。	・人物の様子や気持ちを思い浮かべながら音読させる。 ・3人の人物が出てくることを押さえる。 ・特に2場面には，1つもせりふが出てこないことに気づかせ，課題へとつなげていくようにする。 ・せりふ（会話文）をつくりたいという思いを醸成する。 ・生活科でお世話になってきた2年生に伝えたいという思いをもたせる。 ●音読劇に対して課題意識をもちながら読んでいる。（音読・観察）
第2次 3時	1　全文を音読する。 2　場面分けをする。 3　全文を音読する。	・どの部分にせりふを増やそうかという思いで音読させる。 ・せりふを考えるときには，場面ごとに出し合っていくとよいことを伝える。 ・時や出来事に目を向けさせていくよう

			・にする。 ・教科書に場面の区切りだと思うところに番号を書かせる。 ・時や出来事の違いに気をつけながら音読させるようにする。 ●時や出来事の違いから場面分けができている。(教科書)
4時 〜 7時	1	場面を音読する。	・どの部分にせりふを入れたいかを考えながら音読させるようにする。
	2	場面の時や出来事を確認する。	・簡単に人物の行動からどのような様子や気持ちが浮かぶかを押さえておく。
	3	各場面のせりふを考え,ワークシートに書く。	・行間が空いたワークシートを用意し,せりふを書きやすくする。 ・なかなかせりふが浮かんでこない子には,そばに行って,人物がしていることを確認し,「このときなんか言ってるんじゃないかな?」と語りかけるようにする。
	4	考えたせりふを出し合い,人物の様子や気持ちについて考え合う。	・全体での話し合いで,各自が考えたせりふを出し合いながら,人物の様子や気持ちを深めていけるようにする。
	5	グループごとに役割音読をする。	・3人の人物と語り手役を決め,せりふがお話に合っているかどうかを確かめながら音読させるようにする。
	※1〜4場面まで流れは同じ		●お話に合った適切なせりふを考えることができている。(ワークシート)
第3次 8時 〜 9時	1	グループで,役割を決めたり,せりふを選択したりする。	・自分が言うせりふを確定させる。
	2	グループで,せりふの言い方を工夫しながら音読する。	・ゆっくり,はっきり,聞こえる声で言えるようにすると同時に,人物の気持ちが表れるように意識させる。
	3	グループ同士聞き合う。	・話している方を見ているかという視線も評価し合うようにする。 ●声の出し方を工夫しながら音読することができている。(音読)
10時	1	音読劇をする。	・一人ひとりが目当てをもって取り組めるようにする。
	2	全体の感想を書く。	●人物の様子や気持ちが表れるように音読することができる。(音読)

言語活動の概要

　作品と出合わせるときは，まず教師が範読をします。子どもたちは，教科書を見ながら教師の声に耳を傾けます。感想が次第に心からあふれてきます。ノートに簡単に感想を書かせた後，対話をさせ，思いを交流し合います。

　次の時間には，「ねえ，みんな，今まで学校探検でお世話になった２年生へのお礼に，『ゆうやけ』の音読を聞かせてあげるのはどうかな？」と投げかけます。「いいよ」「やりたい」という声がすぐに返ってきます。その意欲が消えないうちに，登場人物の３人を確認します。「３人がはじめて出てくるところはどこかな？」「遊んでるところ」「じゃあ，さっそく役割を決めて音読の練習をしようか」と言って，きつねの子役，くまの子役，うさぎの子役を決め，教師が語り手として地の文を読んでいきます。すべて教師が読んだだけで２の場面は終わってしまいます。「全然３人は活躍してない」「楽しくない」というつぶやきがあちこちから上がってきます。「じゃあ，どうしようか？」と子どもたちに返します。「もっとせりふをいっぱいつくりたい」。ここで単元を貫く課題が生まれるのです。この課題意識に後押しされながら，場面分けをした後に，各場面のせりふを考えていきます。ここで気をつけたいのは，いきなり「せりふを書いてごらん」と言っても，すぐには浮かんでこない，あるいは浅いものになってしまうということです。そうならないために，様子や気持ちを思い浮かべながら音読させたり，時や場所や人物，出来事などの設定を押さえたりします。また，人物の行動も押さえるようにします。

　子どもが考えたせりふを基に，場面の様子や人物の様子・気持ちなどを読み深めていきます。きつねの子の変容や新しいズボンとゆうやけを結びつけているところなどを中心に深めていくようにします。すべて同じウエイトで扱ってしまうと，深まっていきません。

　最後に，音読の工夫をグループで考え合い，声の出し方を洗練させて，いよいよ２年生に向けて音読劇の発表を行います。

言語活動の実際

❶ふきだし台本にせりふを書き込み，全体の話し合いで深め合う（第7時）

　4の場面にせりふを書いていきます。子どもたちは，4回目とあって，だいぶ書くのに慣れてきました。書くスピードも上がってきています。会話文の「　」の使い方だけ確認し，すぐにせりふを書く活動に入っていきました。

　書けた人から対話をし，すごくお話とぴったり合ったせりふは，「いただきます」をします。「いただきます」というのは，友だちの考えたせりふをもらうことです。書き写すときには，自分の考えたものと区別するために，赤で書き込むようにします。

C　きつねの子は，「かたをならべるとたのしいな」と言ったと思います。
C　すごくいいね。思いつかなかった。「いただきます」していい？
C　いいよ。○○さんのも教えて。
C　私は，「あしたもできたらあそぼうね」と書きました。
C　へぇ，いい考えだね。ぼくも「いただきます」するね。

全体の話し合い場面では，教師側でこのことをぜひとも深めたいというものを１つもって臨むようにします。そうすることによって，子どもの発言に流されなくて済みます。実際の授業では，３人の友情が深まることに触れた発言を待って，３人の関係に迫るというプランを立てて臨みました。

C　きつねの子は，「たのしかったね」と言っています。
C　「あしたもできたらあそぼうね」って言っています。
C　「かたをならべるとたのしいな」って言ってる。
C　うちのクラスにもいつも楽しそうに肩を組んでいる人がいるよ。
T　肩を並べると，３人はどうなんだろうね？
C　きっと，心がつながってるんだと思う。
T　「心がつながる」ってどういうこと？
C　大の仲良しになるっていうこと。
C　気持ちがつながること。
T　この３人って，２場面のときとなんか変わった？
C　前は，ただ遊んでいるだけ。私たちみたいに。
C　まあまあ普通の友だち。でも，４のときは，いろいろ話したりして，すごく仲良しになった。

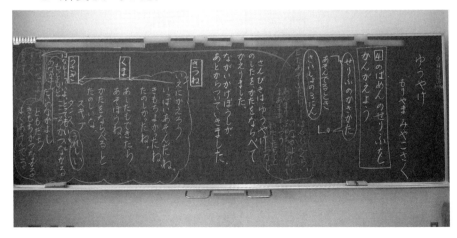

❷グループでせりふを検討し声の出し方を工夫する(第8,9時)

　いよいよ音読劇づくりに入っていきます。ここでは,自分の役割を明確にさせることと,どのタイミングで何のせりふを誰の次に言うかなどを確実に確認させるようにします。特に,語り手に抜かされないようにすることと,うさぎのこやくまのこのせりふが少なくなりすぎないように注意させます。

C　ここにもっとうさぎのせりふを入れようよ。
C　そうだね。うさぎの子が少ないもんね。
C　じゃあ,みんなも書き足しといて。

C　ここなんかくまの子とうさぎの子のせりふが同じだから,1ついらないんじゃない?
C　うん,1つとっちゃおう。

　こんなふうに,増やしたり減らしたりしながら,少しずつ各場面のストーリーに合った音読劇台本が仕上がっていきます。

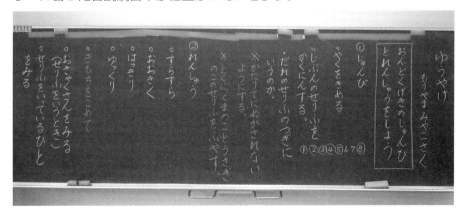

　台本が完成したら,今度は,声を出す段階に入ります。
　ここでも,子ども任せにしてはいけません。しっかりと何に目をつけて練

習するかを教えることが大切です。基本的な声の出し方としては,「ゆっくり」「はっきり」「聞こえる声で（大きな声）」というのを,教師がわざと声を速くしたり小さくしたりしながら確認していきます。音読は,声で相手に伝えるわけですから,まずは,声がしっかり届かなくては意味がありません。次に,工夫として,人物の様子や気持ちが表れるように読むことと,視線を話している人物の方に向けることや,せりふを言っているときはお客さんの方を向くことを教えていきます。これらをきちんと押さえたうえで,グループで練習させます。

C 「いいよ。とってもいい」のところは,もっとうれしそうに言った方がいいよ。
C わかった。じゃあ,もう一度やるね。「いいよ。とってもいい」
C よくなった！

（藤田　伸一）

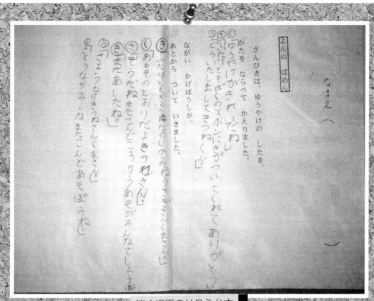

第4場面のせりふ台本

学習を終えた段階の感想

2年　名前を見てちょうだい

「○○読み」で登場人物の行動を具体的に想像しよう！

単元計画（15時間）

次／時		学習活動	・指導／●評価
第1次 1時 〜 2時	1 2 3 4 5 6 7	「名前を見てちょうだい」の題名を見て，どんな話か想像する。 ゴールでペープサート劇をすることを確認する。 つけたい力「場面ごとに人物の様子を思い浮かべて読もう」を把握する。 教材文を教師が範読する。 感想を交流する。 課題「えっちゃんはどうして大きくなったのだろう」を共有する。 簡単な物語の流れを確認する。	・いろいろな意見を聞き，関心を高めてから教材文に入る。 ・前単元「お手紙」の人物のペープサートを見せ，関心を高める。 ・場面という言葉を何度も確認して，慣れさせていく。 ・難語句にはサイドラインを引かせ，後で確認する。 ・おもしろかったこと・不思議に思ったことなど視点を与えておく。 ●「名前を見てちょうだい」の作品世界を楽しんでいる。（発表）
第2次 3時 〜 4時	1 2 3 4 5	本時のめあてを確認する。 出てきた人物，場所を手がかりに場面に分ける。 各場面の登場人物を確認する。 各場面の主な出来事をまとめる。 学習を振り返る。	・場面を分け，内容を整理することを確認する。 ・「時・場所・人物」の視点を基に，いくつの場面になるか考えさせる。 ・場面ごとの登場人物と，内容を「○○したえっちゃん」とまとめさせる。 ●場面ごとの内容を整理し，ワークシートにまとめている。（ワークシート・発表）
5時 〜 6時	1 2 3	本時のめあてを確認する。 第1，2場面の内容を読み取る。 各場面の登場人物の気持ちを顔マークで考える。	・登場人物の気持ちと様子をとらえることを確認する。 ・表情の根拠の言葉にサイドラインを引かせる。

	4	根拠の言葉を基に,「○○読み」の読み方を考え,練習する。	・ペアで確認させ,友だちの考えも参考にしながら練習させる。
	5	全体で発表し,気持ちや様子を表す言葉を共有する。	・新しく知った言葉は書き加えさせる。
	6	学習を振り返る。	●場面における登場人物の気持ちや様子を表す言葉をとらえることができている。(ワークシート・発表)
7時〜8時	1	本時のめあてを確認する。	・登場人物の気持ちと様子をとらえることを確認する。
	2	第3,4場面の内容を読み取る。	・表情の根拠の言葉にサイドラインを引かせる。
	3	各場面の登場人物の気持ちを顔マークで考える。	
	4	根拠の言葉を基に,「○○読み」の読み方を考え,練習する。	・ペアで確認させ,友だちの考えも参考にしながら練習させる。
	5	全体で発表し,気持ちや様子を表す言葉を共有する。	・新しく知った言葉は書き加えさせる。
	6	学習を振り返る。	●場面における登場人物の気持ちや様子を表す言葉をとらえることができている。(ワークシート・発表)
9時〜11時	1	本時のめあてを確認する。	・登場人物の気持ちと様子をとらえることを確認する。
	2	第5,6場面の内容を読み取る。	・表情の根拠の言葉にサイドラインを引かせる。
	3	各場面の登場人物の気持ちを顔マークで考える。	
	4	根拠の言葉を基に,「○○読み」の読み方を考え,練習する。	・ペアで確認させ,友だちの考えも参考にしながら練習させる。
	5	全体で発表し,気持ちや様子を表す言葉を共有する。	・新しく知った言葉は書き加えさせる。
	6	学習を振り返る。	●場面における登場人物の気持ちや様子を表す言葉をとらえることができている。(ワークシート・発表)
第3次12時〜15時	1	本時のめあてを確認する。	・まとめの活動として,「ペープサート劇」をすることを確認する。
	2	自分が決めた場面をどのように読むか決め,練習を行う。	・発表したい場面を決め,台本を作成させる。
	3	友だちと分担を決め,ペープサートを使って練習する。	・友だちのよい考えを進んで取り入れて分担を決めさせる。
	4	グループで発表をし,交流していく。	・全体での発表の前に,他のグループとの交流もさせ,分担も変えながら,全員がいろいろな役を経験できるようにする。
	5	全体で代表の発表を見て感想を言う。	
	6	学習を振り返る。	●登場人物の気持ちや様子を表す言葉をとらえることができている。(発表)

言語活動の概要

❶「顔マーク」を考えさせて気持ちを読み取る

　気持ちや様子がわかる文を見つけて発表するといっても，子どもにとっては難しいものです。

　そこで，ワークシートに次ページのような6種類の顔マークを用意し，人物の気持ちを顔マークで選択させます。顔マークは，全員が同じマークでそろわないときは，その理由を聞いていくと，新たな読みへとつながっていきます。

❷会話文にタイトルをつけた「○○読み」をして気持ちを読み取る

　「おこっている読み」のように，会話文に自分が読みたいタイトルをつけて，音読の前に「『○○読み』をします」と言って読ませます。理由も言わせると，「湯気が出ているから。『あついわよ』と言っているから」など，自分が読むタイトルの根拠になる文を探すようになります。

　この読み方を繰り返していくと，「ゆげが出るくらいおこっているわよ読み」のように，タイトルもだんだんおもしろいものになっていき，表現豊かな音読がたくさん見られるようになります。

　やり方は，以下の通りです。
①注目する会話文を決め，どのように読みたいか考えます。
②その読みの根拠になる文を探します。
③その読みに合ったタイトルをつけて読みます。

　身振り・手振りを入れたりすると，より楽しんで取り組んでくれます。

言語活動の実際

❶「顔マーク」を使って気持ちを考える（第５時）

えっちゃんの気持ちを顔マークで考え，根拠となる文を選んでいきます。

T　ぼうしをもらったとき，えっちゃんは，どういう気持ちだったのかな？顔を選んでみましょう。

C　うれしい顔だと思います。
T　どうしてそう思ったの？　うれしい気持ちがわかる文にサイドラインを引いて，ワークシートに書きましょう。

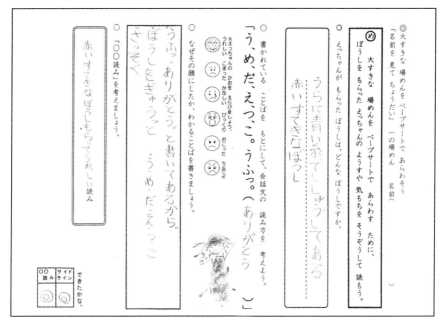

第５時のワークシート

C 「うふっ。ありがとう」と書いてあるから、うれしいと思います。
C 私は「う・め・だ・え・つ・こ」と一つひとつゆっくり読んでいるからうれしいと思います。
T えっちゃんのうれしさがとってもよくわかる言葉はないでしょうか？
C 「ぎゅうっとかぶりました」の「ぎゅうっと」から、えっちゃんがうれしくてぼうしをぎゅうっとかぶったことがわかります。
T なるほど。では、「○○読み」を考えましょう。どんな読みにしますか？
C 私は「赤いすてきなぼうしをもらってうれしい読み」にしました。

顔をかくペープサート

❷場面ごとの人物の様子を考え、読みを深める（第5〜11時）

「○○読み」の方法を使って、えっちゃんの気持ちや様子を、文を根拠に考えて、友だちと交流します。

その際、右のような「はっぴょうのかたち」の話型を使って発表させると、言いやすくなるので、子どもたちの発表意欲も上がります。

また、ペープサートで発表するときは、顔の部分を空白にしたペープサートを用意して簡単にかかせると、相手が気持ちをどうとらえているのかわかりやすくなります。

はっぴょうの かたち

わたし（ぼく）は、_____に サイドラインを 引きました。そこから、えっちゃんの 〜 という 気もちが わかるので、○○読みと しました。

発表の話型

T 「はっぴょうのかたち」を見て、えっちゃんの気持ちを考えながら読んでみよう。

C 私は、「湯気がもうもうと出てきました」にサイドラインを引きました。そこから、えっちゃんのとても怒っている気持ちがわかるので、「ゆげがでるくらいおこっているわよ読み」にしました。読みます。

C ぼくは、「たたみのような手のひらをまっすぐのばして言いました」にサイドラインを引きました。
そこから、大きな大男になんか負けないという気持ちがわかるので、「かならずとりかえす読み」としました。読みます。

T 友だちの考えでなるほどと思った文も、ワークシートに書きましょう。

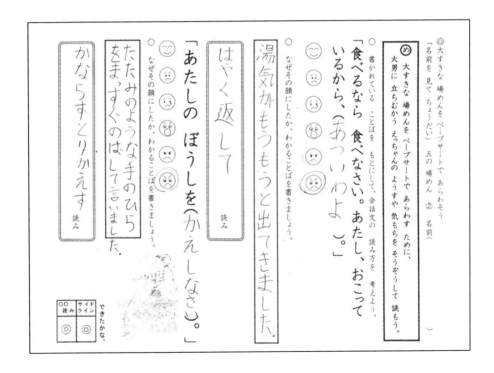

❸**自分の気に入った場面を「○○読み」で発表する（第12〜15時）**

　まとめとして，グループで好きな場面を選び，発表会をします。
　その際，「発表台本ワークシート」を使って，発表台本をつくります。
　これまでにそれぞれで考えた「○○読み」を基にして，どんな読み方にするのか話し合い，役割を決めて練習します。

C　まず，「○○読み」を，みんなで決めていこう。
C　大男のところは，「したなめずりをして」って書いてあるから，Aくんの「きつねや牛も食べちゃおうかな読み」がぴったりじゃない？
C　本当だ！　じゃあ，そこはAくんが読みなよ。
C　えっちゃんのところは，Bくんの「むねをはって，ぜったい帰らないわよ読み」がおもしろいよ。

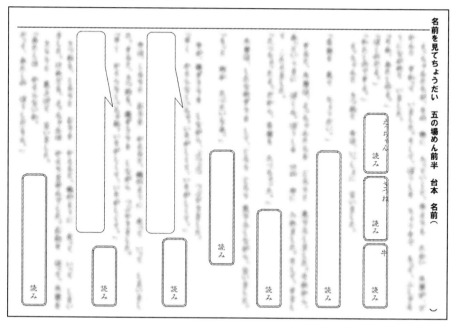

場面ごとの発表台本ワークシート

（比江嶋　哲）

友だちとの交流の様子

全体での発表の様子

第2章 物語文の言語活動例20

2年 アレクサンダとぜんまいねずみ

人物関係図とお話の地図でレオ＝レオニの世界を紹介しよう！

単元計画（11時間）

次／時	学習活動	・指導／●評価
第1次 1時	1　教師の範読の後，「アレクサンダとぜんまいねずみ」を黙読する。 2　課題「作品を読んで，おもしろいこと，わからないことを見つけよう」を把握する。 3　おもしろいこと，わからないことをノートに書き，グループ・全体で交流する。 4　学習を振り返る。	・全員起立して黙読をさせ，集中して読む雰囲気づくりをする。 ・自分の考えをノートに書くことで，思考を整理できるようにし，グループ・全体で交流することにより，学級全体で意見の共有を図る。 ●「アレクサンダとぜんまいねずみ」の作品世界を楽しんでいる。（観察）
2時	1　本時のめあてを確認する。 2　課題「学習計画を立てよう」を把握する。 3　「お話ガイド」のモデルの内容を把握し，学習の見通しをもつ。 4　「お話ガイド～レオ＝レオニの世界」に記述する内容について交流する。 5　学習を振り返る。	・先輩が書いた「お話ガイド（人物関係図とお話の地図）」のモデルを見ることで，お話ガイドにどのようなことを記述すればよいか見通しをもち，学級全体で意見の共有を図る。 ●「お話ガイド」に記述する内容の見通しをもち，「お話ガイド」に記述する内容をつかんでいる。（ノート・観察）
第2次 3時	1　作品を音読し，場面分けをする。 2　各場面の主な出来事を一文で表す。 3　学習を振り返る。	・「はじめ・中・山場・おわり」という基本四場面を押さえる。 ・「時（いつ）・場所（どこで）・人物（だれが）・主な出来事（どうした）」という文にして表すことを押さえる。 ●本文の叙述を根拠にして，あらすじをノートに書いたり，友だちと話したりしている。（ノート・観察）

4時〜5時	1 2 3 4	本時のめあてを確認する。 課題「アレクサンダとぜんまいねずみのお話を人物関係図とお話の地図にまとめよう」を把握する。 人物関係図とお話の地図を書く。 学習を振り返る。	・本文の内容を大まかにとらえた現段階の読みを人物関係図とお話の地図に整理できるようにする。 ●本文の叙述を根拠にして人物関係図・お話の地図に書いている。（お話ガイド・観察）
6時〜7時	1 2 3 4	本時のめあてを確認する。 課題「アレクサンダとぜんまいねずみの人物像と人物関係について交流しよう」を把握する。 人物関係図とお話の地図に整理しグループ・全体で意見交流する。 学習を振り返る。	・前時にまとめた人物関係図やお話の地図を基に話し合うことを押さえる。 ・自分の考えだけでなく友だちの考えの根拠となった叙述を書かせる。 ●本文の叙述を根拠にして人物関係図・お話の地図を整理したり，交流したりしている。（お話ガイド・観察）
8時	1 2 3 4	本時のめあてを確認する。 課題「どうして，アレクサンダの願いが変わったか」を把握する。 ノートに自分の考えを整理し，グループ・全体で意見交流する。 学習を振り返る。	・アレクサンダとウイリーの会話や行動を根拠とすることを押さえる。 ・自分の考えだけでなく，友だちの考えの根拠となった叙述を書かせる。 ●アレクサンダの変容についてとらえている。（ノート・観察）
9時	1 2 3 4	本時のめあてを確認する。 課題「人物関係図とお話の地図を完成させよう」を把握する。 人物関係図とお話の地図に整理しグループ・全体で意見交流する。 学習を振り返る。	・会話文や行動描写だけでなく，地の文からも想像できることを押さえる。 ・人物関係図・お話の地図に整理した自分の考えをグループ及び全体の場での話し合いによってさらに深めさせる。 ●本文を根拠にして，変容や関係性をまとめたり，交流したりしている。（お話ガイド・観察）
第3次 10時〜11時	1 2 3 4	本時のめあてを確認する。 課題「お気に入りのレオ＝レオニシリーズを人物関係図とお話の地図にまとめよう」を把握する。 人物関係図とお話の地図に整理しグループ・全体で意見交流する。 学習を振り返る。	・まとめの活動として，「お気に入りのレオ＝レオニシリーズ」を人物関係図とお話の地図に書かせる。 ・登場人物の行動や会話を基にして書くことが重要になることを指導する。 ・交流を通して，友だちの作品のよさを見つけられるよう助言する。 ●登場人物の行動や会話を基に「人物関係図とお話の地図」に自分の読みを表現している。（お話ガイド・観察）

言語活動の概要

本単元は1次・2次・3次で構成します。

1次では，作品に出合い，親しんでいく始まりとして，「アレクサンダとぜんまいねずみ」の読み聞かせをします。話のおもしろさに加え，独特の語り口調や言い回しなどにも気づき親しみを感じることができるようにしていきます。また，保護者に「お話ガイド～レオ＝レオニの世界」を紹介するという学習の見通しももたせ，先輩が書いたお話ガイド（人物関係図とお話の地図）のモデルを提示して読みの目的意識を明確にします。

2次では，保護者に「お話ガイド～レオ＝レオニの世界」をつくるために，お話の展開，登場人物の行動や会話，場面の様子に着目して，作品全体を読んでいきます。そのことから，心情や様子について想像を広げながら読むことを通して，最初と最後のアレクサンダの変容などに気づくことで，お話のおもしろさにも目を向けさせていきます。

3次では，2次で作成した「お話ガイド～レオ＝レオニの世界」を，友だち同士で見せ合い，よいところや改善すべきところについて交流していきます。友だち同士で交流し合ったことを生かして，保護者に向けた「お話ガイド～レオ＝レオニの世界」を完成させます。また，完成した「お話ガイド～レオ＝レオニの世界」を保護者に見せ，保護者からの感想を聞くことで，学びの実感を得ることができるようにしていきます。

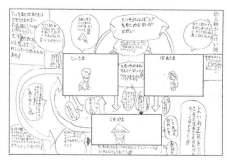

言語活動の実際

❶アレクサンダの願いの移り変わりを読む（第8時）

　単元序盤で子どもたちから出された「アレクサンダの変化についてみんなで話を深めていきたいです」という意見をピックアップします。自分たちが見いだした課題について話し合うことで，学習の必要感が増していきます。本時は，「アレクサンダの行動や会話について考えることを通して，アレクサンダの願いの変化について想像を広げながら読むことができる」を目標として，アレクサンダの願いが変わった理由について考えていきます。

> どうしてアレクサンダの願いが変わったのでしょうか？

　この中心発問の前に，1つ補助発問を入れます。

T　「ぼくは…」言いかけてやめたとありますが，アレクサンダは，どのようなことを言いかけてやめたのですか？
C　ぜんまいねずみになりたいと言おうとしてやめた。
C　そうそう，ぜんまいねずみになって，人間にちやほやされたいと言おうとしてやめたのではないかな？

　この発問をすることにより，「ぼくは…」と間があることに着目させます。また，アレクサンダの願いが，「ぜんまいねずみになりたい」というものから「ウイリーを自分のようなねずみにかえてほしい」というものへ変容していることを認識できるようにしていきます。
　そして，中心発問につなげていきます。

T　どうしてアレクサンダの願いが変わったのでしょうか？
C　ウイリーがかわいそうだからだよ。

C　そうだよ，ウイリーがごみ箱行きになってしまうからだよ。
C　うんうん，ウイリーを助けたいというのもありそうだね。
C　そうだね，ウイリーがいなくなるとさびしいしね。
C　私は，大好きな友だちがいなくなってしまうからだと思う。
C　やっぱり，ずっと一緒にいたいからだよ。
C　そうだね，一人ぼっちになってしまったらいやだしね。
C　ぼくは，願いを変えたのは，自分のためでもあるし，ウイリーのためでもあると思う。
T　「自分のためでもあるし，ウイリーのためでもある」というのは，どういうこと？
C　アレクサンダもウイリーもごみ箱行きにならないし，自分たちはずっと一緒にいることができるということ。

　「ウイリーへの思い」「ウイリーは大切な友だちである」という意見が多数出てきました。この発問により，願いを変えた理由とアレクサンダとウイリーの関係性を考えることができます。

T　でも，ウイリーをアレクサンダのようなねずみに変えると，人間にものを投げつけられたり，ほうきで追いかけられたりするのではないですか？
C　人間に嫌われても生きることができればいいと思うよ。
C　うんうん，人間に嫌われても，命があるし，自由に動けるよ。
C　「自由」とはどういうこと？
C　ねずみはちやほやされないけど，足があるから行きたい場所に行けるね。
C　ねずみは自分で動けるけど，ぜんまいねずみは自分で動けないでしょ。
C　ねずみは好きなところへ行けるけど，ぜんまいねずみは好きなところへ行けない。

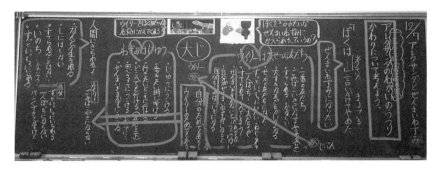

本時の板書

❷自分の考えや学んだことを表現する場面（第9時）

今までの学習を生かして、「アレクサンダとぜんまいねずみ」の人物関係図とお話の地図を以下のように記述することができました。

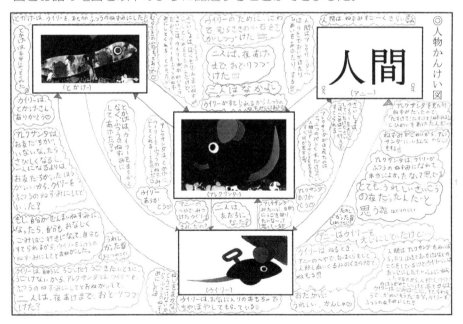

アレクサンダとぜんまいねずみの「人物関係図」完成版

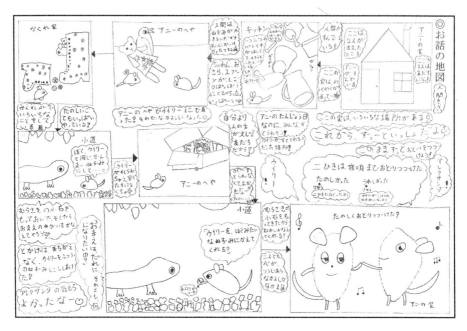

アレクサンダとぜんまいねずみの「お話の地図」完成版

　友だちとの交流を通して,「願いの変化」等について話し合い,人物関係図とお話の地図に自分なりの記述を増やしてきています。人物関係図とお話の地図を友だち同士で見せ合い,よいところや改善すべきところについて交流していきます。また,友だち同士で交流し合ったことを生かして,子どもたちが読み取った作品世界を表現させます。その際,前のページの板書の写真を子どもたちに配付し,自分たちが授業中に話し合ってきたことを想起させます。そうすることで,人物関係図やお話の地図の記述はどうなのか,よりよくするためにはどうしたらよいのか,というように,主体的・協同的に学ぶ姿が見られます。

　このようにして,単元を通して「書いてみたいと思ったものが,書けた！」「意見交流をして考えを深めることができた！」などの学習の達成感を味わわせていきます。そして,今まで並行読書してきたレオ＝レオニ作品の人物関係図とお話の地図を完成させていきます。

（長屋　樹廣）

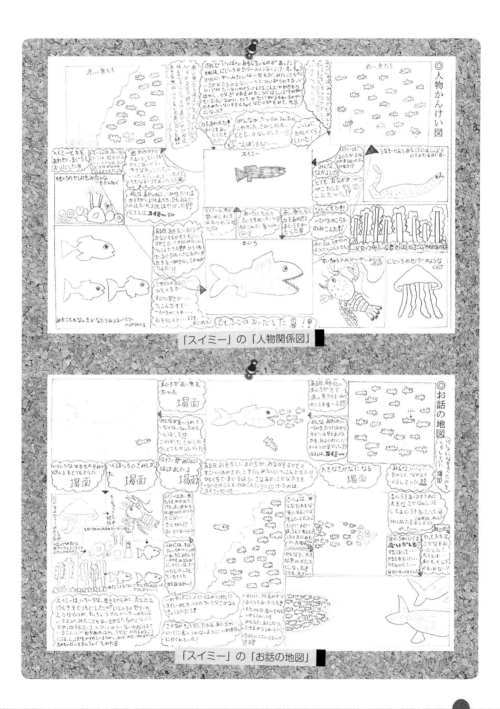

「スイミー」の「人物関係図」

「スイミー」の「お話の地図」

2年 お手紙

人物像をそのままに，2人の物語をつくろう！

単元計画（12時間）

次／時		学習活動	・指導／●評価
第1次 1時	1	教師の範読の後，「お手紙」を音読する。	・読めない字やわかりにくい言葉を教えながら，全員が読めるようにする。
	2	課題「このお話を読んで，おもしろいことや変だな，おかしいなと思ったことはありませんか」を考え，初発の感想やみんなで考えてみたいこと・疑問などを書く。	・自分のノートに考えたことを書かせ，授業後にノートを読み子どもの考えを把握する。
	3	感想や疑問を発表し，今後の学習に見通しをもつ。	●「お手紙」の話の大体をつかんでいる。（ノート）
2時	1	時・場・人物の変化や挿絵から場面を5つに分ける。	・時・場・人物の記述を基に「場面」による話の移り変わりと登場人物の人物像を押さえていく。
	2	課題「がまくんとかえるくんはどんな人物か」について，2人の人物像を把握する。	●場面の変化や登場人物の人物像を押さえている。（ノート・観察）
3時〜6時	1	本時のめあてを確認する。	
	2	それぞれの課題について考える。	・子どもから出てきた感想や疑問を基に

		①「なぜ，かえるくんは急いで家に帰ったのか」 ②「なぜ，手紙を出したことをがまくんに言ってしまったのか」 ③「なぜ，手紙をかたつむりくんにわたしたのか」　など 3　学習を振り返る。	課題を解決していく。 ・自分の想いからではなく，叙述から根拠を求められるようにしていく。 ●各課題について，叙述を基に2人の気持ちを想像して読んでいる。（ノート・観察）
第2次 7時	1	がまくん役とかえるくん役の2人組になり「会話文」だけを音読し，「会話文」と「地の文」について理解する。	・会話文だけでも物語が進んでいくことを感じ取らせる。 ・「かたつむりくん」のセリフは2人で一緒に読んだり，3人組で「かたつむりくん」役を加えたりしてもよい。
	2	「お手紙」以外のお話があることを紹介し，そこにも「会話文」と「地の文」で物語が構成されていることを理解する。	●「会話文」と「地の文」について理解している。（観察）
8時 〜 11時	1	「お手紙」のような，自分だけの2人の物語をつくることを理解し，学習の見通しをもつ。	・学習の見通しをもちやすいように教師が見本となる完成品を示しておく。
	2	その他の物語を自由に読む。	
	3	実際に自分でノートに物語をつくってみる。	・早く終わった子どもには，2つめの作品を作成させてもよい。 ●自分なりに2人の人物像を踏まえて物語をつくっている。（ノート・観察・作品）
	4	本のように画用紙に物語を作成する。	
12時	1	つくった物語を紹介する。	・学級全体や班の中でつくった物語について紹介し合う。
	2	つくった物語をお互いに読み合い，感想を交流する。	●自分の物語を紹介したり，感想を言ったりしている。（ノート・観察）

言語活動の概要

　「お手紙」は，アーノルド・ローベルが書いた『ふたりはともだち』中にある５編のお話の１つです。がまくんとかえるくんの２人のお話は，他にも『ふたりはいっしょ』『ふたりはいつも』『ふたりはきょうも』があります。下に示した合計20編の中にあるすべての短編を読むと，自然に２人の人物像を理解することができます。がまくんはけっこうわがままで自分勝手だけどかえるくんには信頼を寄せています。かえるくんはやさしく思いやりがありかえるくんに対してお世話を焼いてあげています。そんな２人の人物像を変えずに物語を書く活動を行います。今回は第２次で，20編のお話を紹介しましたが，第１次や朝の会などのちょっとしたすき間の時間で１編ずつ読み聞かせをしておいてもよいでしょう。

ふたりはともだち（1970）	ふたりはいっしょ（1971）	ふたりはいつも（1976）	ふたりはきょうも（1979）
・はるがきた	・よていひょう	・そりすべり	・あしたするよ
・おはなし	・はやくめをだせ	・そこのかどまで	・たこ
・なくしたボタン	・クッキー	・アイスクリーム	・がたがた
・すいえい	・こわくないやい	・おちば	・ぼうし
・おてがみ	・がまくんのゆめ	・クリスマス・イブ	・ひとりきり

　第１次では，教科書教材「お手紙」を使って，２人の気持ちの変化を叙述に沿って想像していきます。

　第２次では，「お手紙」を基にして，自分だけのオリジナルのがまくんとかえるくんの物語をつくります。つくる際には，「お手紙」のように会話文と地の文を意識して書かせます。そのために，第７時で会話文だけで「お手紙」を読む活動を行います。会話文だけでも意味がつながるものの，それだけでは足りないところを地の文で補うように教えます。

　早く書き終えた子どもは，絵をかき，色を塗らせたり，複数の作品をつくらせたりしてもよいでしょう。

言語活動の実際

❶2人組で「お手紙」の会話文だけを読む(第7時)

「お手紙」の中の地の文を除いた会話文だけを読んでも,お話がつながることに気づかせます。

> 「会話文」だけで読み進めてみよう。

T 隣の人とペアになりましょう。それぞれ,がまくん役とかえるくん役になってもらいます。自分の役の「 」のところだけ読んでください。
C ぼくが,がまくんをするよ。
C それじゃあ,私はかえるくんね。
C 最初はかえるくんのセリフだから私が読むね。「どうしたんだい。…」
C 「うん,そうなんだ。」「今,一日の……」

かたつむりくんのセリフは2人で言ったり省略したりしてもかまいません。また,かえるくんが家に手紙を書きに帰る場面では,少し間をおいて読む

ペアも出てきます。地の文を意識して間をとって読んでいるペアをみんなに広げ，この後の会話文と地の文の効果について考えさせていきます。

T 会話文だけで読んでみてどうでしたか？
C 会話文だけでも意味がわかった。
C 話が通じている。
C でも，かえるくんが家に手紙を書きに帰るところは，読まなかったらわからない。
C 最後の２人が手紙を待っている場面も，会話文がないから静かになっちゃった。
C そうそう。一緒に手紙を待っている感じがしたよ。
T そうか，会話文だけでは伝わらないところを地の文で書いてあるんだね。お話をつくるときには，会話文だけでなく，読む人に地の文でわかりやすく説明してくれているんだね。

❷オリジナルの物語をつくる（第８～11時）
　がまくんとかえるくんの人物像を大切にしながら，オリジナルの物語をつくっていきます。

T がまくんとかえるくんのお話は「お手紙」の他にもたくさんあったね。今日はがまくんとかえるくんの物語をみんなでつくってみましょう。
C やった！　どんなお話にしようかな。
C できるかな。
T がまくんってどんな人物かな？
C けっこうわがままだよ。
C でも，かえるくんのことが大好き。かえるくんの言うことは聞くよ。
T かえるくんってどんな人物かな？
C とても優しい。

C がまくんが何をしても怒らない。
T そんながまくんとかえるくんのお話が書けるといいね。

　以下の手順で進めていきます。
①ノートに物語を書く。
②清書では，八つ切り画用紙を二つに折ったものに表紙と本文を書き，本のように仕上げる。
③文章を書いたら，絵をかいて絵本のようにする。

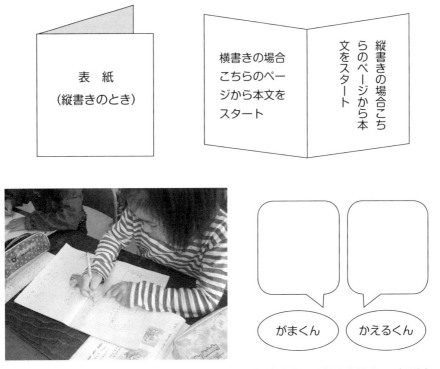

　右上のような吹き出しを使ってノートに書くように助言すると，会話文で物語が書きやすくなります。

完成したら，みんなで物語をお互いに読み合い，感想を交流します。

みんなにつくった物語を聞いてもらう場面

　がまくんとかえるくんの人形を教室に置いておくと，人形劇のようにも使えます。教室の雰囲気づくりに役立ちます。

（広山　隆行）

がまくんとかえるくんの

うんどう会

がまくんとかえるくんは今日がうんどう会です。
かえるくんががまくんをむかえに来きました。
「がまくん、今日はうんどう会だね」かえるくんがいいました。
「そうだね。天気はどうなの」がまくんがいいました。
「今りは、晴れると思うよ」がまんがいいました。
「どうしてだい?」かえるくんが聞きました。
「だって、ぼく、足がおそいんだよ、うんどう会いい思い出なんてないんだよ」
そういうと、家の前ですわりこんでしまいました。
「だいじょうぶさ、がまくん、いっしょけんめいに走ったらいんだよ」かえるくんがいいました。
「そうかなあ」がまくんがいいました。
「ぼくもおうえんするよ」かえるくんがいいました。
「だったらいくよ」がまくんはやっとあるきだしな。

「運動会」と題した子どもの作品（表紙と1ページ目）

うんどう会がはじまりました。
がまくんは百メートルきょうそうで出ました。
ピストルがなりました。
がまくんは走りだしました。
「だめだ、どんどんぬかれちゃう」がまんがいいました。
「がんばれ」かえるくんがおうえんしています。
「もうだめだ、いちばんさいごだ」がまくんがおもうおそうです。
「がんばれ がんばれ」かたつむりくんもおうえんしています。
「もうだめだ」がまくんがそう思ったときゴールしました。
じゅんばんはさいごでした。

「がまくん、がんばらないのか」かえるくんがいいました。
「がまくん、すごかったよ」かたつむりくんもいいました。
「うん、ぼく、すごくがんばった」がまくんがいいました。
「でもね、すごくつかれちゃった。ぼくうんどう会なにもつよ」
「どうしてだい」かえるくんが聞きました。
「ぼくは水の中の方がいいよ すいえい大会だったら出るにするよ」
がまくんはお家に帰っておひるねをしました。

2ページ目と3ページ目（裏表紙）

3年　ちいちゃんのかげおくり

2回出てくる場面を「くらべるフレーム」で比較しよう！

単元計画（10時間）

次／時	学習活動	・指導／●評価
第1次 1時	1　戦争時代を舞台とした物語について，知っていることを共有する。 2　「戦争と『かげおくり』はどういう関係があるのかを読み取ろう」という，単元前半の課題を設定する。 3　教師の範読を聞く。 4　教材文を読み，初発の感想を書く。	・これまで戦争を扱った物語やマンガ，アニメや映画などにふれた体験を自由に交流する時間を設けることで，背景となる知識を共有させる。 ・共通となる3つの視点をアイコン（！？♡）で示すことで初発の感想を書きやすくする。 ●ちいちゃんたち人物や，戦争という時代背景などを基にしながら，初発の感想を書いている。（ノート）
第2次 2時	1　前時に書いた初発の感想を交流し，物語への印象を共有する。 2　作品を音読し，場面分けをする。 3　「前ばなし」部分から，ちいちゃんたちの人物設定と時代設定を理解する。 4　1回目のかげおくりの場面での，家族の心情をとらえる。	・「かわいそう」「ショックだった」といった共通となる感想を中心に，それぞれの子どもが感じた理由をまわりに書くことで，とらえ方の違いを示す。 ・お墓参りに行く意味や，記念写真という言葉に込めた思いなどを問いかけることで，読みを深めるようにする。 ●教材文に書かれた状況を基に，家族4人の心情を想像し，吹き出しに書き込んでいる。（ノート）
3時～ 4時	1　時間の経過をとらえながら，2・3場面を音読する。 2　空襲があった日から始まる，ちいちゃんの行動をチャートにする。 3　時間が過ぎるに従って衰弱していくちいちゃんの様子をとらえる。	・ちいちゃんが過ごした時間や，出会った人々について，項目と矢印を組み合わせたシーケンシャルチャートにまとめることで，全員に把握させる。 ・チャートにアイコンをかき入れることで衰弱していく様子を感じさせる。

	4	それぞれの場面でのちいちゃんの台詞から，ちいちゃんの心情をとらえる。	●家族を探して少しずつ弱っていくちいちゃんに寄り添い，語りかける感想をもっている。（ノート・感想）
5時～6時	1	時間の隔たりを意識しながら，4・5場面を音読する。	・2つのかげおくりについて状況，人数，その後といった視点を明確にしたうえで比較させる。
	2	2回目のかげおくりをするちいちゃんの状況や，心情を読み取る。	・2つの場面の間に起こったことをフレームに書かせることにより，なぜ状況が変わったのかを考えさせる。
	3	2つのかげおくりを「くらべるフレーム」にまとめる。	
	4	4場面と5場面の相違点と類似点を明らかにし，考えたことをノートにまとめる。	●戦争の時代と平和な時代を比べてわかったことを基に，物語の結末の悲しさを感じている。（感想）
第3次 7時	1	これまでに読んだ物語から，似た場面が2回出てきたものを想起する。	・小学校2・3年生の教科書に出てきた物語を取り上げることで，全員を同じステージに載せる。
	2	「スイミー」「お手紙」「もうすぐ雨に」の2場面の違いを読む。	・それぞれ2回目の場面があることで強くなるものがあることに気づかせる。
	3	3作品と「ちいちゃんのかげおくり」に共通する点は何か考える。	●他の作品と比較したことを基に，「ちいちゃんのかげおくり」でかげおくりが2回ある意味をとらえている。（発言・ノート）
	4	似た場面が2回出てくることによるおもしろさをまとめる。	
8時～9時	1	似た場面が2回出てくる物語を図書室で探す。	・探すとっかかりが見つからない子どもには，これまでに読んだ本を想起させたり，司書教諭のアドバイスをもらったりさせる。
	2	見つけた物語を読み，2つの場面の共通点と相違点を見つける。	
	3	自分が見つけた共通点と相違点について，友だちに説明する。	●自分で探した物語の，繰り返される場面を，フレームの形式に当てはめてまとめている。
	4	2つの場面を比べてわかったこと考えたことをフレームに書く。	
10時	1	互いのフレームを読み合い，感想を交流する。	・ペアでの感想の交流の後，相手の読んだ作品の特徴について，必ず感想を言わせるようにする。
	2	いくつかの作品から，2つの場面で何が変わったかをとらえる。	・「ちいちゃんのかげおくり」で確かめた繰り返しの効果が，他作品でも有効であったかを共有させる。
	3	「同じ場面が繰り返される」効果について，全体で交流する。	
	4	自らの物語への見方の変容について文章にまとめる。	●自らの読みの変容について，場面の比較を想起しながらまとめている。（ノート）

言語活動の概要

　この単元では，似た場面が繰り返されることによる思いの深まりに焦点を当てます。そのために，主たる言語活動として下図のような「くらべるフレーム」を用いた場面の比較を行います。このフレームの特徴は，２つの場面を左右に配し，比較しやすくしたところにあります。「ちいちゃんのかげおくり」１場面と４場面のかげおくりを比較してみると，している行為は同じでも，状況はまったく違っていることがわかります。この違いをもたらしたものが何かを書き込むのが，下段中央の枠です。ここにちいちゃんのつらく，さびしい時間が書かれることで，２回目のかげおくりの場面では，悲しさが際立つことがわかるのです。

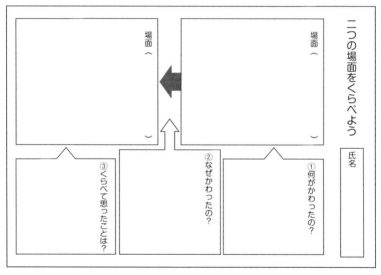

　このような，似た場面が繰り返される物語はたくさんあります。「お手紙」の，がまくんとかえるくんが手紙を待つ場面や，「もうすぐ雨に」の，猫のトラノスケと向かい合う場面など，枚挙にいとまがありません。これらの似た場面の比較を通して，「繰り返される場面は，似ているからこそ前の場面との違いがよく見える」ことに気づかせていきましょう。

言語活動の実際

❶「くらべるフレーム」でちいちゃんの悲しさを読み解く（第6時）

5場面を音読し，これまでに読んできた時代との大きな隔たりを感じさせます。そして，前時で読み解いたちいちゃんの死ぬ場面とのずれから，本時の問いを見いださせます。

> 戦争中と何十年後は，何が同じで，何が違うのだろう？

T　2つの場面を比べて，変わってしまっているものやことはありますか？
C　「前よりも」と書いてあるから，家がいっぱい建ちました。
C　それから「ちいちゃんが一人でかげおくりしたところは」と書いてあるから，公園ができました。
C　あれ，ちいちゃんがかげおくりしたところってどこだっけ？　自分の家の前？
C　いや，防空壕の前だったと思うけれど。
T　空襲から身を守る防空壕が，何十年か後にはみんなが遊ぶ公園になっていたんだね。（板書する）
　　それでは，2つの場面を比べて，変わっていないところはありますか？
C　ううん。

2つの場面に共通することが見つからない子どもたちに，一つひとつの事物にサイドラインを引き，それぞれ変わったか変わっていないかを確かめるよう促しました。

C あっ,「きらきら」っていう笑い声はちいちゃんと同じだよ。
C それなら,笑っている子どもたちの歳も,ちいちゃんやお兄ちゃんぐらいって書いてある。
C もしかすると,最初の「青い空」も同じなのかもしれない。
T 戦争で死んでしまったちいちゃんと,何十年後公園で遊んでいる子どもたちが同じ笑い声なのは,なぜなんだろうね。

　答えようとしますが,うまく言葉がまとまらない様子の子どもたち。ペアで相談した後,それぞれノートに意見を書かせることにしました。

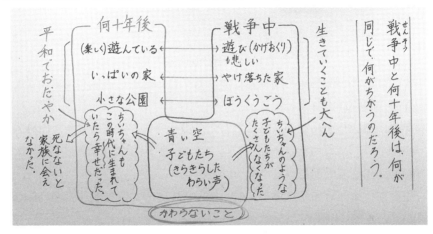

C 子どもたちが遊んで,笑うのはいつだってそうだと思うのね。でも,ちいちゃんは戦争中に生まれたでしょ。だから,本当にきらきら笑えたのは死んじゃってからしかなかったんじゃないかな。
C それって,すごく悲しいね。今の時代に生まれていたら,ちいちゃんはいつもきらきら笑っていられたんだもの。
C なんだか,かげおくりも遊びなんだけど,戦争中だと楽しいっていうより悲しくなってくるなあ。

❷「くらべるフレーム」でよく似た場面が出てくる意味を考える（第7時）

　これまでに読んだ物語から，「ちいちゃんのかげおくり」のように，似た場面が2回出てくるものを思い起こさせます。「スイミー」「お手紙」「もうすぐ雨に」と，思ったよりも多くの作品に使われていたことに，子どもたちは驚きます。そこから，本時の問いを見いださせました。

> 物語で似た場面がもう一度出てくるのはどうして？

C 「お手紙」はわかりやすいよ。がまくんとかえるくんがベンチに座っている絵が2回出てきたもの。
C そうそう。お手紙を待っている同じ絵なのに，顔というか表情が全然違っていたよね。
T お手紙の2つの場面は，2人の表情が違うということでいいかな？
C ううん。表情が違うのは，気持ちが違うからです。
C この2つの場面の間に，いろいろあったから。これだけ見てもわからないと思う。
C それなら「スイミー」だって。

　子どもたちはそれぞれの作品の2つの場面をつなぐ出来事をたくさん語りたいようです。そこで，場面絵を印刷したカードを配り，グループごとに説明させる時間をつくりました。
　3つの物語について話

第2章　物語文の言語活動例20

してきたことで，2つめの場面には次のような深まりがあることが見えてきました。

「もうすぐ雨に」　猫のトラノスケの気持ちが前よりわかるようになった。
「スイミー」　　　前の兄弟たちのように，食べられたくないという気持ちを強くもった。
「お手紙」　　　　前とは違って，お手紙を待つのが楽しくなった。

T　どれも，2つ目の場面は，1つ目よりもよい方に変わっていると言えそうですね。では，「ちいちゃんのかげおくり」はどうでしょう？
C　ちいちゃんだけは違います。1回目のかげおくりよりも，もっともっとつらくなっています。
C　そうだよ。お腹もすいて，一人ぼっちで，死にそうなときのかげおくりだもの。
T　ということは，1回目のかげおくりは楽しかったんだね。
C　楽しいというわけではなくて。お父さんは戦争に行ってしまうし。
C　それでも，1回目のかげおくりで，子どもたちは楽しかったんだと思うよ。だからちいちゃんは2回目を1人でやったんだし。
C　つらいかげおくりが2回あることで，2回目の方が本当につらいんだということを強調しているんだと思うよ。

（宍戸　寛昌）

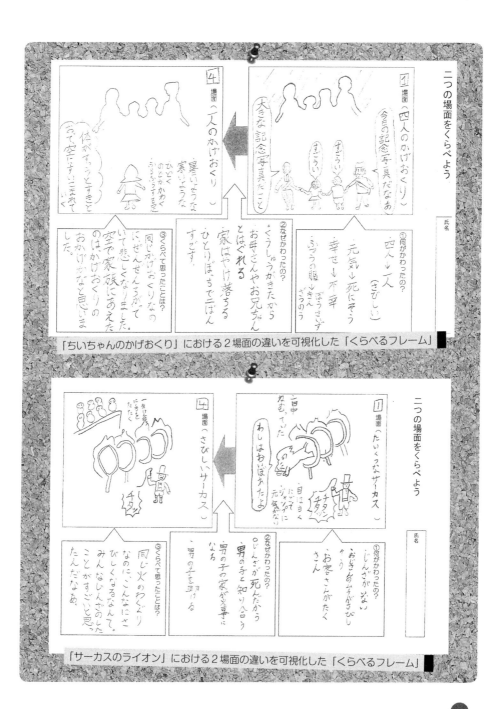

3年　モチモチの木

ファンタジーの世界の体験を「行って帰るフレーム」でまとめよう！

単元計画（13時間）

次／時	学習活動	・指導／●評価
第1次 1時	1　「行って帰る」形式の物語の多さについて知る。 2　「豆太はどんな体験をして、どう変わったのかを読み取ろう」という、単元前半の課題を設定する。 3　教師の範読を聞く。 4　教材文を読み、初発の感想を書く。	・「桃太郎」「浦島太郎」といった昔話や、「ハリー・ポッター」といったファンタジーまで、中心人物が異世界に行って帰ってくる作品を紹介し、その豊富さを感じさせる。 ・共通となる3つの視点をアイコン（！？♡）で示すことで初発の感想を書きやすくする。 ●豆太を中心とした人物や、不思議な出来事などを基にしながら、初発の感想を書いている。（ノート）
第2次 2時 〜 3時	1　作品全体を音読し、場面の確認をする。 2　場面ごとに起こった出来事をまとめる。 3　「前ばなし」部分から、豆太の人物設定を読み取る。 4　「最初の豆太」についてどう思うか、ノートにまとめる。	・教材文で分けられた5場面と、基本4場面構成との整合を図っておく。 ・出来事を一文でまとめ、矢印で結ぶチャート方式で書かせるようにする。 ・豆太に対して複雑な心境を覗かせる話者について説明をしておく。 ●寝小便をすることや、じさまか家族がいないことなどから、豆太をどう思うかを書いている。（ノート）
4時 〜 5時	1　2場面を音読し、昼と夜の豆太の様子をとらえる。 2　4場面を音読し、霜月二十日の晩の豆太の様子を読み取る。 3　普段と不思議な晩との、モチモチの	・どうして豆太が夜をこれほど怖がるのかについて、昔という時代や山の中の一軒家という環境から考えさせ、共感的に読み取らせるようにする。 ・坂道を駆け下りる様子が伝わるよう、

時間		学習活動	指導上の留意点
		木の違いを読み取る。	工夫した音読をさせるようにする。
	4	霜月二十日の晩の豆太についてどう思うか，ノートにまとめる。	●普段の姿との違いからこのときの豆太をどう思うか書いている。（ノート）
6時～7時	1	雰囲気の違いに気をつけながら，4・5場面を音読する。	・4場面の緊張した雰囲気と，5場面の落ち着いた雰囲気とを意識しながら音読するようにうながす。
	2	5場面に語られるじさまの話と，その後の豆太の様子を読む。	・霜月二十日の晩の豆太が，普段の姿といかに違うかを感じさせながらフレームにまとめさせる。
	3	場面ごとの豆太の違いを，フレームにまとめる。	
	4	豆太はあの晩以降変わったのかについて意見をまとめる。	●「変わった」「変わっていない」というどちらかの立ち位置から，自らの意見を書いている。（ノート）
第3次 8時～9時	1	「行って帰る物語」の中心人物や舞台の設定を考える。	・中心人物は「だめな部分が多い」と「よい部分しかない」のどちらがよいか物語づくりの視点から考えさせる。
	2	人物の行く前と帰ってきた後の変容を考える。	・「不思議な世界」の体験が人物を変えたことを想起させて，考えさせる。
	3	「不思議な世界」の設定と，そこで何が起きたかを考える。	●自らの構想した物語を「行って帰る」フレームの形にまとめている。（ワークシート）
	4	3つの場面で起こった出来事をフレームにまとめる。	
10時～12時	1	ペアで，前時に考えた物語のあらましを説明し合う。	・いきなり書き始めるのではなく，一度口頭であらましを説明させてから書くというステップを踏ませる。
	2	物語の下書きをノートに書く。	・下書きは，友だちに読んでもらうことと，後から推敲することを考え，余白を取りながら書かせるようにする。
	3	下書きを友だちに読んでもらい，意見をもらう。	
	4	下書きを推敲し，用意された用紙に清書する。	●読みやすく推敲したうえで，物語を清書している。（作品）
第4次 13時	1	互いの作品を読み合い，感想を交流する。	・人物の設定や，舞台のおもしろさといった読み合う視点をいくつか提示しておき，字や文の上手下手のみで語られないように配慮する。
	2	取り上げられたいくつかの作品から，行く前と帰ってきた後の変容の書き方の違いをとらえる。	・少し不思議な空間に行って帰った後，人物がいかに変容するかがおもしろさであることを共有させる。
	3	「行って帰る物語」のおもしろさについて，全体で交流する。	
	4	自らの物語への見方の変容について文章にまとめる。	●単元を通して得た，物語に対する新たな視点を見直し，感想としてまとめている。（ノート・感想）

言語活動の概要

　この単元では，不思議な世界に行って帰ることによる，人物の変容に焦点を当てます。ファンタジー物語の1つの類型である「行って帰る物語」を知ることは，物語を構造的に読む目を鍛えることにつながるでしょう。そのために，主たる言語活動では下図のような「行って帰るフレーム」を用いて中心人物の変容を読み解きます。このフレームの特徴は，物語がぐるりと一周する途中に，不思議な世界が位置づけられていることです。これにより，日常世界との境目がより明確になります。また，中心人物の最初の姿と最後の姿が隣り合うことで，変容をとらえやすくするというよさもあります。

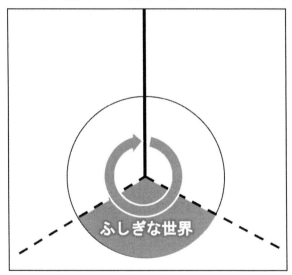

　第7時では「モチモチの木」をこの図にまとめることにより「行って帰る物語」の構造について全員で共有することになります。この際，他の物語を当てはめた場合のフレームも見せることで汎用性を高めておきます。第9時では，身につけた見方を生かし，自ら物語を書く際の構想にもこのフレームを使っていきます。下書きを書く前のプロットとしてこのフレームを使うことにより，どの子どもも「行って帰る」物語を考えられるということです。

言語活動の実際

❶ 「行って帰るフレーム」から生まれた疑問を話し合う(第7時)

　前時に「モチモチの木」をフレームにまとめた子どもたち。しかし，以前読んだ「つり橋わたれ」に比べると，中心人物である豆太の変容がよくわかりません。そこで，以下のような課題を設定しました。

> 霜月二十日の晩に豆太が見たのは，「伝説のひ」なのかな？

T　豆太が医者様の背中から見たのは，じさまやおとうが見たのと同じひなのでしょうか？
C　ぼくは違うと思います。なぜそう見えるのかという説明を，医者様がきちんと科学的に証明しているからです。
C　科学的にって。それは大人にはそう見えるって説明しているだけじゃない？　子どもにしか見えないんだもの。
C　それだったら，「一人だけ」っていう言葉もおかしくなってくるよ。豆太は医者様と見ているんだから一人じゃない。
C　私，この間絵本で「モチモチの木」を読んだんだけど，きちんと豆太が見た木と医者様が見た木を違うページにかいているのね。だから，同じものを見たのだけれど，違うように見えたってことなんじゃないかなあ。
C　ああ，豆太だけしか見えないってそういうことかぁ。

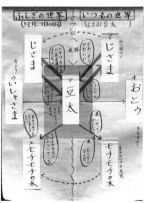

モチモチの木には，少なくとも豆太には伝説のひがともっていたように見えたというとらえが共有できたところで，教師は次のように問いかけます。

T　モチモチの木のひを見ることができたということは，豆太は以前とは違い，勇気があると言えるのかな？
C　ええと，そのときは勇気があったけれど，5場面ではまた「じさまぁ」って言っているから，勇気はなくなったんだと思います。
C　元に戻っちゃったんだよ。

　「豆太は元のおくびょうに戻った」という意見が多かったため，変わった部分はないかを一人読みで見つけさせます。

C　変わった部分というか，確かに5場面で豆太はじさまに甘えているんだけど，ちゃんとじさまが元気になるまで待っているんだよね。
C　ああ，確かに。きっとじさまが元気になるまでは1人でトイレに行っていたんだよ。
C　そう考えると，前の豆太と違ってちゃんと勇気があることがわかるね。
C　うん。勇気はあるんだけど，甘えたかったんだね。5歳だから。

❷「行って帰る物語」にふさわしい人物設定を考える（第8時）

　前時までにいくつかの「行って帰る物語」をフレーム化した子どもたちに，今度は自分で物語を書いてみないかと呼びかけます。「書きたい」「書きたい」の大合唱の中で，「でも中心人物を考えるのは難しいかも」という声が聞こえます。

　そこで，以下のような課題を設定しました。

> 物語をおもしろくする中心人物のコツは何かな？

T　みなさんが友だちにしたいのは，次の2人のどちらですか？

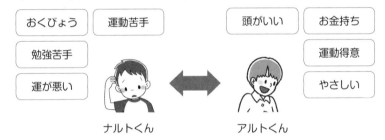

C　アルトくんです。こんな友だちがいたらいいな。
C　ぼくもそうです。すごく楽しそう。
T　それでは，兄弟だったらいいなぁと思うのは？
C　やっぱりアルトくんだよ。こんなお兄ちゃんいいよね。
C　うんうん。やさしくて頭がいいなんて，文句のつけようがないよ。
T　それじゃあ，みなさんが書く物語の中心人物にしたいのは？
C　それはナイトくん。
C　私もナイトくんの方かなぁ。
T　あれ？　どうして今までと違う方を選んだの？

　友だちや兄弟にはしたくないけれど，ほとんどの子どもが物語の中心人物

にしてみたい人物像。なぜそう思うのか，理由を聞いてみました。

C　だって，ナイトくんの方が，これから成長しそうだもの。
C　そうだよね。アルトくんは，どんなピンチも平気な顔でクリアしていきそうだから，あんまりおもしろくないよ。
C　それに，豆太やトッコも，できないところやダメなところをがんばったからかっこよかったんだもの。
C　だから，不思議な世界に行って帰ったとき，すごく大きく変わった方がおもしろいんだよ。

「中心人物には悪い（足りない）ところをつくっておくと，物語がおもしろくなる」というコツを共有した子どもたちに，次のように問いかけます。

T　みなさんが書こうとしている物語の中心人物は，このコツに当てはまりますか？
C　当てはまらなかったです。どうしてもかっこよくて，なんでもできる人にしちゃってたから。
C　私も。わざとダメダメな感じにしておくのって難しいね。
C　犬が苦手っていうのをつけ加えようかな。なんか私みたい。

（宍戸　寛昌）

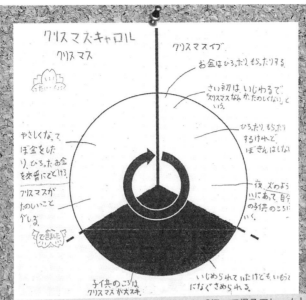

「クリスマス・キャロル」の構造を可視化した「行って帰るフレーム」

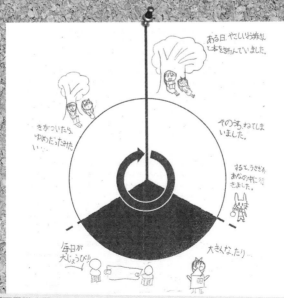

「不思議の国のアリス」の構造を可視化した「行って帰るフレーム」

3年　サーカスのライオン

じんざの気持ちに寄り添い，感想を伝えよう！

単元計画（11時間）

次／時		学習活動	・指導／●評価
第1次 1時 〜 2時	1	教師の範読の後，「サーカスのライオン」を音読する。	・事前に音読してくるよう伝えておき，わからない言葉やあいまいな言葉を範読の前に発表させる。
	2	本時の課題「作品を読んで，心に強く残ったことや不思議に思ったことを紹介し合おう」を把握する。	・まずは，自分のノートに書かせ，書けた子から近くで紹介し合っていいことを伝える。
	3	作品を読んで，心に強く残ったことや不思議に思ったことをノートに書く。	・作品を読んで，心に強く残ったことや不思議に思ったことから学習計画を立てる。
	4	黒板を使って交流する。	・この作品の中心人物がじんざであることを確認する。
	5	「じんざの行動や様子などに着目し，気持ちの変化を読み取り，じんざに語りかけたいことを中心に感想を考える」という学習課題を確かめる。	●「サーカスのライオン」の作品世界を大まかにつかみ，中心人物の気持ちの変化を考えながら読んでいる。（観察・ノート）
	6	学習を振り返る。	
第2次 3時	1	作品を音読し，場面分けをする。	・文末を中心人物の名前にして場面に名前をつける。
	2	時と中心人物に着目し，5つの場面に分け，出来事を一文で表す。	●じんざの行動や様子を手がかりにしてそれぞれの場面に名前をつけている。（観察・ノート）
	3	学習を振り返る。	

4時 〜 8時	じんざに語りかけるような感想を書くために，それぞれの場面で，じんざの行動に着目し，じんざの気持ちの変化を想像しながら読む。 1　本時のめあて「じんざの行動に着目して，気持ちの変化をなりきってつかみたい」を確認する。 2　じんざの様子や行動が表れている言葉を見つける。 3　グループ・全体の場で意見交流する。 4　学習を振り返る。	・各場面においては，叙述を基に，中心人物になりきったり，中心人物に読者である自分が話しかけたりする活動を通して，中心人物の気持ちが豊かに想像できるようにする。 ・友だちの考えですてきだな，自分も取り入れたいなと思うものは，ノートに色を変えて書き留めるよう助言する。 ●各場面の行動や様子を手がかりにして，じんざの気持ちを想像しながら読んでいる。（観察） ●読み進めるごとにじんざの気持ちが変化していることを読み取っている。（観察） ●じんざのいないサーカスの様子やライオンつかいのおじさんやお客さんの気持ちを前の場面の出来事とつなぎながら想像して読んでいる。（観察）
9時 〜 11時	じんざに伝えたいことを文章にまとめ，じんざが目の前にいるつもりで感想を伝え合う。 1　じんざに伝えたいことを文章に書く。 2　自分が決めた登場人物の行動や心情を確認する。 3　書いた文章を読み合いよいところや質問をし合う。 4　学習を振り返る。	・各場面で，中心人物に読者である自分が話しかけた言葉を読み返しながら書くよう助言する。 ・交流を通して，友だちの作品のよさを見つけ，伝えられるよう助言する。 ●じんざに語りかけたいことを中心に感想を伝え合うことができたか振り返っている。（観察・感想文）

言語活動の概要

　本教材は,「時」と「場所」によって場面を5つに分けることができ,それぞれの場面での中心人物の様子や気持ちを表す言葉に注目しやすい作品です。さらに,登場人物の1人である男の子の言葉によって,中心人物の気持ちが徐々に変化することも読み取れ,場面の様子をとらえながら中心人物の気持ちをさらに深く読み取る活動にも適しています。

　このようなことから,言語活動を「物語を読み,感想を述べ合うこと」としました。中心人物の様子や気持ちに対する自分の考えを感想文にまとめ,交流することで,考え方の違いのよさに気づきつつ,様子や気持ちを表す言葉に注目し,想像しながら読むことのおもしろさにも気づける言語活動です。

　学習の流れは,第1次で,初発の感想を基に内容を大まかにつかみます。ここでは,「じんざの行動や様子などに着目し,気持ちの変化を読み取り,じんざに語りかけたいことを中心に感想を考える」ことを確認します。

　第2次では,はじめに場面分けをします。文末を中心人物の名前にして場面に名前をつけます。次に,各場面,中心人物の様子や気持ちを表す言葉を手がかりとして,中心人物の気持ちを想像できるようにします。さらに,各場面においては,叙述を基に,中心人物になりきったり,中心人物に読者である自分が話しかけたりする活動を通して,中心人物の気持ちが豊かに想像できるようにします。

　第3次では,中心人物の様子や気持ちに対する感想を書きます。初発の感想や第2次での学習を生かして,もう一度,今一番心に残ったことを中心に紹介し合いながら,多様な感じ方や考え方に触れられるようにします。また,他の人の感じ方や考え方を知ることで,自分の考えが深まったり置き換えられたりすることを期待しています。そして,感想を書き,書いたものを読み合うことで,さらに,互いの感じ方や考え方の違いに気づき,紹介し合うことのおもしろさが実感できると考えました。

言語活動の実際

❶叙述を基に中心人物になりきり，気持ちを想像する（第6時）

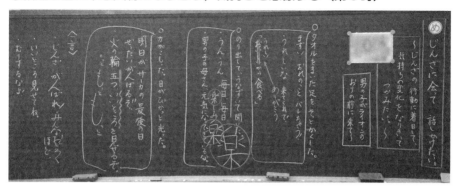

第6時の板書

　第6時は，「男の子がたずねてきてうれしくなるじんざ」の場面です。ここでは，まず，男の子と会っているときのじんざの気持ちをつかむために，教科書のじんざの行動にサイドラインを引きます。一人ひとりがしっかり考えられるように時間をとります。

T　じんざの気持ちがわかる行動や様子にサイドラインを引いてみましょう。
C　「タオルをまいた足をそっとかくした」は間違いなく大切だよ。
C　チョコレートのかけらを差し出したのは，男の子だな。
C　男の子が毎日やって来たのに，眠らないで待っていたなんて，じんざ，大丈夫かな。
C　男の子といることがとても楽しそう。
T　なんでそう思ったの？
C　１場面と違って元気が出てきているような気がするから。
T　どのあたりからそう感じたか，どんな行動からそう考えたかこの後はっきりさせようね。

次にペアで対話をしながら自分の選んだ行動を紹介し合います。選んだ理由も聞いてみるよう助言します。

T　自分の選んだ行動を紹介し合いましょう。選んだ理由も聞いてみましょう。
C　男の子が好きでないチョコレートをくれたときもうれしかったんだな。
C　だから目を細めたんだ。わかってきたよ。
C　「じんざはのり出して，うなずいて聞いていた」っていうことは，ずっとにこにこしていただけなのかなあ。
C　ぼくも，そう思うよ。だって…。

　全体で順に確認します。ここでは，あまり「どうしてそこを選んだのか」という理由は聞きません。

T　この行動からじんざになりきって気持ちを想像したいという行動は見つかりましたか？　この場面のはじめ・中・終わりの順で紹介しましょう。
C　はじめに「タオルをまいた足をそっとかくした」はどうですか。
C　「目を細くして受け取った」はどうですか。
C　はじめに，どっちも入れたいな。
C　「じんざはうれしかったのだ」と気持ちが書かれているので，「タオルを…」の方でどうですか。
T　中はどうですか。
C　「もうねむらないでまっていた」はどうですか。
C　「じんざはのり出して…」はどうですか。
T　これは，2つとも気持ちがつながっているような気がしませんか？　黒板には「じんざはのり出して…」の方を書きますね。
T　終わりはどうですか。
C　「じんざの体に力がこもった」はどうですか。

行動が決まったら，一人ひとりじんざになりきった言葉を考える時間をとります。その後，ペアで対話をし，全体での紹介となります。

T　「じんざの体に力がこもった」のところを紹介し合いませんか？
C　絶対にがんばるぞ！　若いときのようにできるような気がする。
C　男の子がやっと見に来てくれるここは，いいところを見せたいな。
C　いつもいつも来てくれてありがとう。明日は，かっこいいところをお見せしますよ。
C　もちろん火の輪を５つにしてとんでみせるぞ！　しっかり見ておくれよ。

１人で考えて

ペアで対話して

全体の前でなりきって紹介

❷じんざが目の前にいるつもりで感想を伝え合う。(第9〜11時)
　各場面で書いてきたじんざへのひと言を読み返しながら，子どもたちはじんざに語りかけたいことをまとめます。

T　じんざに語りかけたいことをまとめてみましょう。
C　じんざのがんばりを伝えたいな。
C　自分の生活に生かしてみたいことも伝えたいな。
C　男の子と出会って楽しそうだったことも伝えたいな。

　みんなの前で紹介し合う前に，ペアで対話しながらいいところを見つけ合います。

T　まずは，ペアで読みあってみよう。いいところを紹介し合えるといいね。
C　じんざのがんばりがよく伝わると思うよ。
C　炎の中に飛び込むなんて，私だってできないよ。
C　じんざの男の子を思う気持ちは，とても強かったよね。
T　じんざのしたことから気持ちを想像してみると，みなさんの思いや考えもはっきりしてきていることに気づかされましたよ。

（藤井　大助）

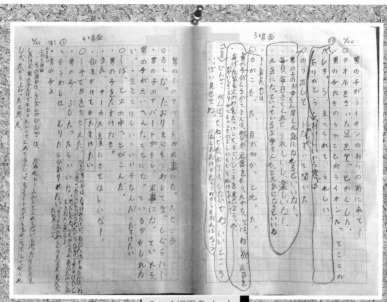

3, 4場面のノート

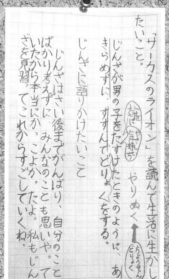

自分の生活とつないで、じんざに語りかけたいことをまとめたノート

4年 ひとつの花

感想を伝え合い，作品の感じ方を深め，広げよう！

単元計画（8時間）

次／時		学習活動	・指導／●評価
第1次 1時	1	単元で目指す姿を理解する。	・物語を読み，感想をもち，お互いの感想を共有し合い，物語の感じ方を広げることを目指すことを説明する。
	2	音読する。	・全体での一文交代読み→グループ，ペアでの一文交代読みを行う。
	3	学習を振り返る。	●正確に音読している。（観察）
2時	1	本時の学習課題「はじめの感想をもとう」を設定する。	
	2	見通しとして「『どこから』『なぜ』をはっきりさせて，内容と表現から感想をもつ」を設定する。	・内容面とともに，表現の仕方にも着目させる。
	3	感想の根拠となる箇所に線を引きながら音読する。	・意図を示してから音読させる。 ・書いたものを読み合い，お互いの感想について意見交換させる。
	4	感想を書き，交流する。	●初発の感想をもっている。（ノート）
第2次 3時	1	学習課題「4つの場面のあらすじをまとめよう」を設定する。	
	2	見通しとして，「3つの設定と出来事に着目する」を設定する。	・時，場所，登場人物，事件の4要素であらすじをまとめていくことを確認する。
	3	設定を見つけながら音読する。	
	4	各自であらすじをまとめる。	・導入場面の設定とあらすじを全体でまとめてから各自で行わせる。
	5	全体で設定の確認をし，あらすじをまとめる。	・あらすじはできるだけ端的にまとめていく。
	6	学習を振り返る。	●物語の設定や展開を大まかに把握している。（ノート・発言）

4時	1	学習課題を設定する。	・ゆみ子に渡されたものからテーマを考えることを学習課題に設定する。
	2	見通しを設定する。	・見通しとして、ゆみ子に手渡されたものを比較することを設定する。
	3	音読後、違いを表にまとめる。	
	4	「コスモスの花」と「おにぎり」を比較し、「お父さん」の思いを解釈する。	・「なくなるか、増えるか」のように観点を決めて、両者の違いを比較させる。
	5	テーマを考え発表し合う。	・「心の豊かさ」のように端的に考える。
	6	学習の振り返りをする。	●父親の思いやテーマを想像している。（ノート・発言）
5時	1	学習課題を設定する。	・首尾の呼応からテーマを考えることを学習課題に設定する。
	2	見通しを設定する。	・見通しとして、冒頭と結末を比較することを設定する。
	3	音読後、違いを表にまとめる。	・「食べ物」のように、観点を決めて、表にまとめる。
	4	冒頭と結末の比較を基にテーマを考え、発表し合う。	・「平和の貴さ」のように端的に考える。●首尾の呼応を基にテーマを考えている。
	5	学習の振り返りをする。	（ノート・発言）
6時	1	学習課題を設定する。	・テーマを支える表現を見つけることを学習課題に設定する。
	2	見通しをもつ。	・見通しとして副詞、形容詞等に着目しその有無を比較することを設定する。
	3	個人追究後、全体で確認し合う。	・最初に意見のつくり方の例を示す。
	4	学習の振り返りをする。	●心情・情景を想像している。（ノート）
第3次 7時	1	学習課題を設定する。	・物語の感想をまとめることを学習課題に設定する。
	2	見通しをもつ。	・見通しとして、テーマ、理由、根拠、感じたことを書くことを示す。
	3	感想を書く。	・十分な時間をとる。
	4	学習の振り返りをする。	●物語の感想が書けている。（ノート）
8時	1	学習課題を設定する。	・感想を読み合い、読みを深め、広げることを学習課題に設定する。
	2	見通しをもつ。	・見通しとして、自分との比較を示す。
	3	感想を読み合う。	・感想を読んで考えたことを出させる。
	4	友だちの感想に対する考えをもつ。	●感想を読み、感じ方の違いに気づき、感じ方を広げている。（ノート）
	5	学習の振り返りをする。	

言語活動の概要

　物語は，一読しただけでも一定の感想をもつことはできます。しかし，精査・解釈することを経ることで，その感想は一層深まります。また，感想を共有することで，お互いの見方・考え方を知り，自分の見方・考え方を広げることができます。

　このようなことを子どもたちに伝え，感想を共有することの価値についての共通認識をもたせたうえで，本単元の言語活動を開始します。

　第1次で正確に音読できるようにし，第3次での感想と比較することを踏まえ，初発の感想を書かせます。

　第2次では，2つの対比を行い自分なりのテーマ（主題）を仮構していきます。1つは，「おにぎり」と戦争に行く間際に父親が「ゆみ子」に渡した一輪の「コスモスの花」との比較です。「なくなるか，増えるか」「食べられるか」などの見方で両者を対比することで，父親が「ゆみ子」に願う心の豊かさに迫ります。もう1つは，冒頭と結末の比較です。戦争中の貧しく，怖い状況と，戦後の豊かな状況とを比較することで，平和の貴さに迫ります。

　また，「心の豊かさ」や「平和の貴さ」といった自分なりにとらえたテーマにつながる表現を作中から見つけます。副詞や形容詞に着目し，その言葉があるときとないときを比較し，場面の様子や登場人物の心情を想像します。このとき，全員で，「『深いため息』が『ため息』でも，悩んでいる気持が伝わるけれど，『深い』がつくことで『お父さん』は『ゆみ子』の将来に対してすごく心配していることがわかる」というように意見をつくってみて，各自で考えていきます。自分なりのテーマをとらえたうえで，そこに基づいて作品をさらに深く味わっていくのです。

　第3次では，これまで精査・解釈し，形成してきた考えを感想にまとめます。まとめた感想は，お互いに読み合い，互いの感じ方や注目する叙述を自分と比較します。このことを通して，感じ方の違いを学び，物語の読み方を広げ合っていきます。

言語活動の実際

❶首尾の呼応からテーマに迫る（第5時）

　テーマを考えていくために，導入場面と終末場面を表にしてまとめていきます。

> 観点を決めて，導入場面と終末場面を比べて表にまとめましょう。

　学級全体で1つやってみて，活動のイメージをつかみます。

T　観点を「時」にして見つけましょう。導入場面の「時」はいつですか？
C　「戦争のはげしかったころ」です。
T　では，終末場面の「時」はいつですか？
C　「十年後」です。

　このように，取り組みやすいところを全員で1つやることで，個人での活動が円滑に進みます。1つの観点について書き出すごとに教師に見せます。早く書けた子に板書をさせていきます。こうすることで，まだできていない子に，どう考えていけばよいのかの示唆を与えることになります。

1人1つは自分の考えがもてた段階で，意見交換を行っていきます。はじめは隣の席の子同士で行います。続いて表に書き出したことを類似した観点ごとに発表し合っていきます。

T　まず「出来事」の観点で発表してください。
C　導入では「戦争がはげしい」，終末では「戦争が終わった」です。
C　似ていて，「町」の観点で，導入では「はいになった」，終末では「コスモスの花でいっぱい」です。

　このようにして，板書された表をきっかけにして，発表し合います。その後，首尾の呼応からみたテーマを考えていきます。

C　ぼくは「戦争のきびしさ」だと考えました。
C　最後が平和になっているので，「平和の大切さ」だと思います。
C　ちょっと違って，ゆみ子が買い物に行くので「成長」だと考えました。

　テーマは1つにまとめることはせず，授業を閉じます。

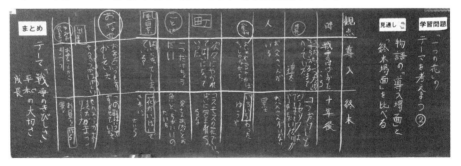

❷お互いの書いた感想を読み合う（第8時）

第7時に書いた感想文の交流を行います。

お互いが書いた感想の内容を共有し合うことにより，一人ひとりの感じ方の違いに触れるとともに，自分の物語の読み方を広げていきます。

> 友だちの感想を自分の感想と比べて読みましょう。

できるだけ多くの子の感想を読み，お互いの書いた文章に対する感想を言い合うために，隣の席の子との交流が終わったら，廊下側の通りの子が原稿用紙を持ち，1つずつ席を移動していくようにします。

1回の交流は，おおよそ5分程度として，次のようにします。お互いの原稿用紙を交換して読みます。読み終えたら原稿用紙を裏返しにして，隣の子の文章を読んだ感想を書き，署名します。ここまでを3分とします。

隣の子の文章に対する感想は自分の感想と比べて書くのですが，その際，次のように3つの反応の仕方を指導します。

T　友だちの感想に対して，「私も同じで（似ていて）」「私はこういったことを思いつかなかったので」「〇〇のところをもう少し詳しく教えてください」のうちのどれかで感想を書きましょう。

お互いに相手の文章に対する感想を書き終えたら、それを口頭で伝え合います。伝え合う活動は2分とします。

　文章で書いたものを後で読むよりも、書いたものを口頭で伝え合うことにより、子どもたち同士のやりとりが増えます。

C　私もAさんと同じで、この作品のテーマは、「優しい心」だと思います。でも、私は、テーマにつながる「小さなお母さんになって」は見つけられなかったので、新しい発見がありました。
C　ありがとう。優しい気持ちがあって人に何かをしてあげられるから「小さなお母さん」のところは優しい気持ちにつながるところだって思ったんだよ。

　やりとりが増えることによって、物語をもう一段階深く味わうことにつながるのです。
　交流を終えた後は、友だちの感想を頭に浮かべてみて、もう一度「ひとつの花」に対する思いをまとめます。
　下にあげた子のように、お互いの感想を読み合い、そのうえで改めて物語を広くとらえた姿がみられます。

C　ぼくは、「ひとつの花」を読んで「『きれいな心』がテーマだ！」と思ったけれど、もしかしたら、いろんなテーマ「きれいな心」「成長」「平和の大切さ」「戦争の厳しさ」全部なのかなと思いました。

（小林　康宏）

A児の第2時の感想

ぼくが一つの花を読んで感じたテーマはかなしいところがすこしうれしい場面がすこしあるのだと思います。わけは、お父さんが戦争に行ってしまってゆみ子の亡くなってしまうけれどゆみ子のためあり、お父さんが戦争に行く前にゆみ子のくれる、コスモスが一つだけさいてって、一つだけだからです。どこから考えたかというと、十一つ目の、答えは、コスモスに一つだけさいてるからです。もしかしたらゆみ子、思い出してくれるから。二つ目は、お父さんがいなくなってしまってからも、元気にゆみ子と母さんがくらしているからです。もう一つよう父さんの気もちがくんで下さい。すごく最後にテーマに対するかんそうはゆみ子は話の中でのかんそうがはげしいこともです。

A児の第7時の感想

ぼくが一つの花のテーマは花を読んで、あらたやと思ったテーマがきれいな心です。理由は、ゆみ子は小さい時は、もっともっとって言っていくで風ってもっともっといいな場面では、とってりたいです。セリフはとってりたいです。お母さんにお肉をつくってくれる、十年後の終末でお昼をつくっているところを見てお母さんと心が成長していってるところから考えたからです。どちらかというと、お母さんじゃないですかね。ゆみ子はいけないよっていうところから、お母さんじゃないですかね。ままじゃたりないでごはんをつくったりしています。さいごに、テーマに対する思いは、佐る子母ですが、心がきれいだってこでも表しますたりに、心がきれいなっていることは、何より大切だなと思いました。

4年　世界一美しいぼくの村

物語のつながりを発見しよう！

単元計画（8時間）

次／時	学習活動	・指導／●評価
第1次 1時	1　範読を聞く。 2　感想を語り合う。 3　単元で中心となる活動を理解する。 4　音読練習をする。 5　学習を振り返る。	・率直な思いを出させる。 ・1つの物語の中で伏線を見つけたり，シリーズ作品の関連を発見したりして物語を味わうことを投げかける。 ・全体での一文交代読み→グループ，ペアでの一文交代読みを行う。 ●正確に音読している。（観察）
2時	1　学習課題を設定する。 2　見通しを設定する。 3　感想の根拠となる箇所に線を引きながら音読する。 4　感想を書き，交流する。	・初発の感想をもつことを学習課題として設定する。 ・見通しとして「『どこから』『なぜ』をはっきりさせて，内容と表現から感想をもつ」を設定する。 ・書いたものを読み合い，互いの感想について意見交換させる。 ●初発の感想をもっている。（ノート）
第2次 3時	1　学習課題「3つの場面のあらすじをまとめよう」を設定する。 2　見通しとして，「3つの設定と出来事に着目する」を設定する。 3　設定を見つけながら音読する。 4　各自であらすじをまとめる。 5　全体で設定の確認をし，あらすじをまとめる。 6　学習を振り返る。	・状況設定―展開―最後の一文を3つの場面とする。 ・時，場所，登場人物，出来事の4要素でまとめていくことを確認する。 ・展開場面は，ヤモがだれと会い，何をしたかに着目させる。 ●物語の設定や展開を大まかに把握している。（ノート・発言）

4時	1	学習課題を設定する。	・物語のテーマを考えることを学習課題に設定する。
	2	見通しを設定する。	・見通しとして，ヤモのパグマンや家族への思いに着目することを設定する。
	3	音読後，ヤモのパグマンや家族への思いを表にまとめる。	
	4	テーマを考え発表し合う。	・「大切なふるさと」「戦争のこわさ」「家族思い」のように端的に考える。
	5	学習の振り返りをする。	●テーマを想像している。（ノート・発言）
5時	1	学習課題を設定する。	・物語のつながりを見つけることを学習課題に設定する。
	2	見通しを設定する。	・見通しとして，最後の一文に関連する叙述を見つけることを設定する。
	3	音読後，最後の一文につながる伏線を出し合う。	・ヤモの兄，ヤモが会った人物のように，観点を決めて，表にまとめる。
	4	伏線を意識しながら音読し，感想を語り合う。	・「伏線」の定義を示す。
	5	学習の振り返りをする。	●伏線を意識して読む価値を感じている。（ノート・発言）
第3次 6時	1	学習課題を設定する。	・「サーカスが来た」を読み，物語同士のつながりを見つけ，感想をもつことを学習課題に設定する。
	2	見通しをもつ。	・見通しとして時・場・人物・出来事・結末を観点にすることを設定する。
	3	物語の展開を予想した後範読を聞き，関連を考える。	●2つの作品を重ねて読み感想をもっている。（ノート）
	4	学習の振り返りをする。	
7時	1	学習課題を設定する。	・「世界一美しい村へ帰る」を読み，物語同士のつながりを見つけ，学習課題に設定する。
	2	見通しをもつ。	・見通しとして時・場・人物・出来事，結末を観点にすることを設定する。
	3	展開を予想した後音読し関連を考える。	●2つの作品を重ねて読み感想をもっている。（ノート）
	4	学習の振り返りをする。	
8時	1	学習課題を設定する。	・3つの物語を合わせたテーマと感想をもつことを学習課題に設定する。
	2	見通しをもつ。	・見通しとして「世界一美しいぼくの村」を読んだ段階と比べることを示す。
	3	感想を読み合う。	
	4	テーマと感想を考え発表し合う。	●物語を関連させてテーマ，感想を考えている。（ノート）
	5	学習の振り返りをする。	

言語活動の概要

「世界一美しいぼくの村」は、「サーカスが来た」「世界一美しい村へ帰る」を伴う3部作です。そこで、3部作すべての重ね読みを行いたいと考えました。そう提案する理由は2つあります。

1つは「世界一美しいぼくの村」の最後の一文があまりにも衝撃的だからです。牧歌的な世界が最後の一文で一気に救いようのない絶望的な世界となります。このままでは切なすぎます。平和の兆しが感じられる続きの物語があるのですから、それを読み、読み手に希望をもたらしたいものです。

もう1つは、登場人物の設定を理解する必要性です。教科書には付録として「世界一美しい村へ帰る」が掲載されていますが、この物語の主役はミラドーという「世界一美しいぼくの村」には出てこないヤモの友だちです。ミラドーとヤモの関係は「サーカスが来た」を読まないとよくわかりません。

第1次では、第1時に教師が範読し、衝撃的な最後の一文までを聞いた感想を語り合います。子どもたちの多くは大きな悲しみを感じます。そこで、「世界一美しいぼくの村」は3部作であることを説明し、その関連からテーマを考え、感想をもつという本単元の言語活動の概要を示し、活動に対する意欲をもたせていきます。

第2次では、ヤモの視点から、家族愛、平和の大切さといったテーマを考えていきます。また、最後の一文につながっていく伏線としての出来事や描写を見つけます。

第3次では、まず「サーカスが来た」を読み聞かせし、ヤモの友だちのミラドーの境遇や性格について、ヤモとの関連を見つけていきます。このようにして、「世界一美しい村へ帰る」での主役となっているミラドーのプロフィールについて理解をしたうえで、「世界一美しい村へ帰る」を読みます。「世界一美しいぼくの村」と比べていくことで、子どもたちはヤモが生きていたことや平和に向かっていることを知り、安心していきます。同時に、伏線の価値や、シリーズ作品を読むことへの価値を感じていきます。

言語活動の実際

❶物語の伏線を見つける（第5時）

　子どもたちに物語の最後の一文を読み，どう思ったか尋ねます。「びっくりした」という反応が返ってきます。そこで，「でも物語の中には最後の一文が予想できるようなことが書かれているのですよ」と伝えます。すると，子どもたちから「えー，そんなことあるの？」という答えが返ってきます。そうしたら，冒頭場面の中から，最後の一文につながるような箇所がないか尋ねます。子どもたちからは，何年も戦争が続いていて，戦争が国中に広がっているところが指摘されます。

　この発見を受け，伏線の定義として「未来に起こる重要な出来事をほのめかす」を示し，次のように学習課題を設定します。

> 物語の「ふくせん」を見つけよう。

　これだけだと，子どもたちはなかなか活動に取り組むことができません。そこで次のように見通しを設定します。

> 観点ごとに見つける。

　このときの観点としては具体的に「ヤモの兄について書かれているところ」「ヤモが町で会った人」の2つを設定します。

　子どもたちは黙読しながら，それぞれの観点に沿って伏線を見つけていきます。

　伏線となる叙述を見つけたら，

その叙述からどのような展開が予想されるかを考えて自分の意見をつくっていきます。それぞれの観点について1つずつ程度意見がつくれたら，隣同士で発表し，意見交換して，自分の意見に自信をもちます。そのうえで観点ごとに発表していきます。

T 「ヤモの兄」を観点にした意見を出しましょう。
C 「南の方の戦いは…」から，ハルーン兄さんが命を落としてしまうことが予想されます。
C 予想が少し違って，パグマンにも戦いがくることが予想されます。

T 「バザールで会った人」を観点にした意見を出しましょう。
C 「二人のはなしを聞いていたおじさん」から，もうすぐ自分たちもやられてしまうことが予想されます。

　これらの観点とは別に，「平和な表現」についても考えてみると，「『…世界一美しいぼくの村』というところから，こんなにきれいということを書いてあるからこそ，それがいつかなくなっちゃうかもしれない」という意見も出されます。
　最後に伏線を意識して読むことへの感想を問います。子どもたちからは，「このあと起こることが予想できて，話がおもしろくなる」といった，伏線を意識して読むことの効果が出されます。

❷「世界一美しい村へ帰る」とのつながりを見つける(第7時)

　前時は「ぼくの村にサーカスがきた」(小林豊,1996,ポプラ社)と「世界一美しいぼくの村」とのつながりを考えます。この作品は教科書には載っていませんが,教科書に掲載されている「世界一美しい村へ帰る」の中心人物ミラドーやその父親についての設定が,この作品を読まないとよくわかりません。そこで,「ぼくの村にサーカスがきた」を教師が読み聞かせし,「世界一美しいぼくの村」とのつながりを考える活動を行っておきます。
　本時は次のような学習課題を示します。

> 「世界一美しいぼくの村」と「世界一美しい村へ帰る」をつなげて読み,感想をもとう。

　その後まず,「世界一美しい村へ帰る」のストーリーの予想を聞き,興味を高めた後,次のように見通しを示します。

> 5つの観点でつながりを見つける。

　5つの観点は,「時」「場」「中心人物」「主な出来事」「終わり方」です。「世界一美しい村へ帰る」を教師が範読するのを5つの観点に従って聞き,教科書の該当箇所に線を引いていきます。範読後,10分ほど時間をとり,個人で学習を進めます。その後,グループになり,各自の考えを練り上げた後,全体発表していきます。

T 「時」はいつですか。
C 「…ぼくの村」は夏,「…村へ帰る」は次の冬です。
T どちらの方が後ですか？
C 「…村へ帰る」です。

　このようにして，観点に沿ってまとめていきます。
　出来事については，細かな出来事をあげていくのではなく，大きな出来事のみ取り上げます。

T 主な出来事はどんなことですか？
C 「…ぼくの村」はヤモがさくらんぼを売った,「…村へ帰る」はミラドーが村に向かって旅をした，です。
C 他には「…ぼくの村」はヤモが子羊を買ってもらった,「…村へ帰る」はミラドーとヤモが出会えた，です。

　5つの観点に沿って物語を読んでいった後，感想をまとめます。子どもの感想には「『世界一美しいぼくの村』を読んで，戦争は悲しいと思っていたが，『世界一美しい村へ帰る』を読んで，最後には平和になってよかったなぁと思った。ミラドーは友だちのヤモと最後に会えてよかったなぁと思った」といったものが見られます。

（小林　康宏）

第8時に書いた感想の1枚目

　あついゆうじょうし
　私は三つの作品をつなげたテーマとし
てあついゆうじょうを考えた。
理由は世界一美しいぼくの村はお兄さん
が帰ってくるのを信じて、ぼくの村はサーカスがやっ
て来たではミラドーと別れの時ヤモは再会
できないと思ったけど
（でこないと思ったけど世界一美
しい村へ帰る）でもミラドーとヤモは再会
できたから。
私ははじめて世界一美しいぼくの村を読ん
だときは戦争で村がはかいされた後と思っ
た。
理由は何人と書いてあったから。
されち前は戦争ではかいされた後と思っ
たんだけどあとでよく読んでみると
もありません。みんな村をはなれたらし
いことにつく。ありました。
次に、もしアメリカスが来た
みんな戦争が来る日まで来た人だと思っ
た。理由は戦争か冬やってきたはず、と何も寒しいこと
がなかったらやだなと思ったからだ。

第8時に書いた感想の2枚目

世界一美しい村へ帰るとつなげて読
み戦争が起こった役はミラドーはサーカ
スのたちと旅をしてなく帰っていった
村の人たちと再会できて友じょうは熱い
と思った。
理由はヤモはもうミラドーは帰ってこ
ないとのみ思ったがミラドーも同じで帰り
たいと思ったから再会ができたから
だ。
今回、三つの作品をつなげて読んだから
つなげてよむと最後どうなったか分かり
じょうの本だと思った。
三つの作品は兄弟や友達が出てくる
今後は、ヤモとミラドーみたいにすご
い友じょうがあったらいいなと思った。

4年 白いぼうし

想像をふくらませて「なりきり日記」を書こう！

単元計画（7時間）

次／時		学習活動	・指導／●評価
第1次 1時	1	教師の範読の後、「白いぼうし」を黙読する。	・全員起立して黙読をさせ、集中して読む雰囲気づくりをする。
	2	課題「作品を読んで、おもしろいこと、わからないことを見つけよう」を把握する。	
	3	おもしろいこと、わからないことを「夏みかんチャート」に書く。	・自分のノートに書けた子どもから黒板に書かせることで、書けない子への支援とし、学級全体で共有させる。
	4	黒板に書かれたことを交流する。	
	5	学習計画に、なりきりたい人物を書き込む。	・学習計画を配布し、単元終末になりきる人物を選ばせる。
	6	学習を振り返る。	●「白いぼうし」の作品世界を楽しんでいる。（観察）
第2次 2時 〜 3時	1	作品を音読し、場面分けをする。	・「はじめ・中・山場・おわり」という基本四場面を押さえる。
	2	各場面の主な出来事を一文で表す。	・「時（いつ）・場所（どこで）・人物（だれが）・主な出来事（どうした）」という文にして表すことを押さえる。
	3	各場面の主な出来事が起きたときの松井さんの気持ちを想像する。	・様子を表す言葉に着目して松井さんの気持ちを考えさせる。
	4	学習を振り返る。	●会話や行動等の描写を根拠にした想像をし、ノートに書いたり、友だちと話したりしている。（ノート・観察）
4時	1	本時のめあてを確認する。	・「ちょうちょマップ」の使い方を知ることをめあてに設定する。
	2	課題「松井さんの優しさはどんな行	・前時にまとめた出来事や、その他の行

		動に表れているか」を把握する。	動描写を根拠とすることを押さえる。
	3	ちょうちょマップに整理しグループ・全体の場で意見交流する。	・自分の考えだけでなく，友だちの考えの根拠となった叙述を書き留めさせる。
	4	学習を振り返る。	●各場面における松井さんの行動描写を取り出し，ちょうちょマップに正しく整理している。（ちょうちょマップ）
5時	1	本時のめあてを確認する。	・ちょうちょマップを使いこなすことをめあてに設定する。
	2	課題「山場で，女の子はどこへ行ったのか」を把握する。	・女の子の行動描写や，情景描写を根拠とすることを押さえる。
	3	「ちょうちょマップ」に整理しグループ・全体の場で意見交流する。	・自分の考えだけでなく，友だちの考えの根拠となった叙述を書き留めさせるようにする。
	4	学習を振り返る。	●山場の情景描写を根拠に，想像したことをまとめている。（ノート）
6時	1	本時のめあてを確認する。	・情景描写を根拠にして場面の様子を想像することをめあてに設定する。
	2	課題「『よかったね。』『よかったよ。』の意味」を把握する。	・会話文や行動描写だけでなく，地の文からも想像できることを押さえる。
	3	「ちょうちょマップ」に整理しグループ・全体の場で意見交流する。	・「ちょうちょマップ」に整理した自分の考えをグループ及び全体の場での話し合いによってさらに深めさせる。
	4	学習を振り返る。	●各場面の情景描写を根拠にして，想像したことをまとめている。（ノート）
7時	1	登場人物のだれかになりきって，その日の日記を書く。	・まとめの活動として，「なりきり日記」を書かせる。
	2	自分が決めた登場人物の行動や心情を確認する。	・登場人物の行動や心情を基にして想像を豊かに膨らませて書くことが重要になる。叙述から離れた，勝手な想像にならないように指導する。
	3	その日の出来事を，叙述を基にして日記にして書く。	
	4	「なりきり日記」が書けた者同士で交流をする。	・交流を通して，友だちの作品のよさを見つけられるよう助言する。
	5	学習を振り返る。	●「なりきり日記」を読み合い，情景描写を基にした想像をさらに広げている。（作品・観察）

言語活動の概要

　単元開始の第1次1時に「白いぼうし」を読む際,「作品を読んで,おもしろいこと,わからないことを見つけよう」と投げかけ,子どもに問いをもたせるきっかけをつくります。そうすることによって,「物語文の読解の授業は,自分たちが話し合いたいことを読み取っていくのだ」という意識を高めます。

　以降,第2時~第5時までに,場面ごとの主な出来事を整理して,作品についての基礎的な理解を促し,重要課題を検討しておきます。

　第6時では,核心課題「『よかったね。』『よかったよ。』とは,どのような意味なのか」について考えます。考えたことを下の「ちょうちょマップ」(藤森裕治先生が開発した「Bマップ法」を援用したもの)に整理し,グループ→全体の場で交流していく中で読み深めます。

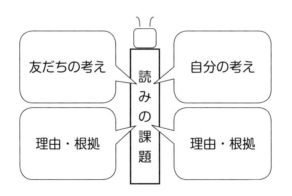

　そして第7時では,「なりきり日記」を書くことを通して,作品に出てくる登場人物のだれかになりきって,その日あった出来事を表現させます。登場人物の行動描写や心情描写の叙述に立ち返り,それを基にして日記に書くことで,場面の様子を豊かに想像させることができます。

　書けた子どもから交流し,作品のよさを伝え合わせます。時間があれば,全体の場で音読させてもよいでしょう。

言語活動の実際

❶「ちょうちょマップ」に考えを整理し，伝え合う（第6時）

　第1時に作品を読んで子どもにもたせた問いと，関連する叙述を引き合いに，本時の読みの課題をつくります。

> 「よかったね。」「よかったよ。」とは，どういう意味なんだろう？

T　「よかったね」って，だれが言っているんだろう？
C　ちょうちょたち？
C　ちょうちょだった女の子に向かって言っているのかな？
T　じゃあ，「よかったよ」は，だれが言っているんだろう…？
C　ちょうちょだった女の子が言っているのかな？
C　でも何がよかったのかな？「ちょうちょマップ」に書いて整理してみよう。

　各自で自分の考えを書いた後，グループになって対話をしながら読みを深めていきます。

T　書かれていることを根拠にして，友だちと伝え合ってみよう。
C　無事に帰って来られて「よかったね」なのかな？
C　ああ，ちょうちょの姿だと帰って来られないところまで来ていたってことか。
C　たけのたけおくんに捕まったから，動けなくて困っていたのかな？
C　そうだそうだ。だから女の子に変身して，タクシーに乗ったんだ。
T　この場面は，作品全体の主な出来事を結びつけているんですね。
C　松井さんは，ちょうちょの群れを見たときに，きれいだなぁって思った

んじゃないかな？
C ああ，確かに。「シャボン玉のはじけるような」からは，そういう気持ちになった様子が読めるよ。

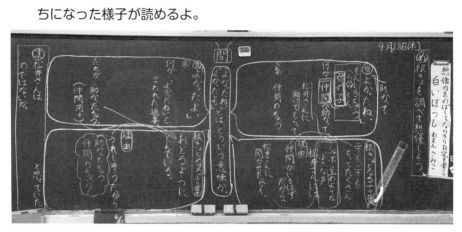

第6時の板書

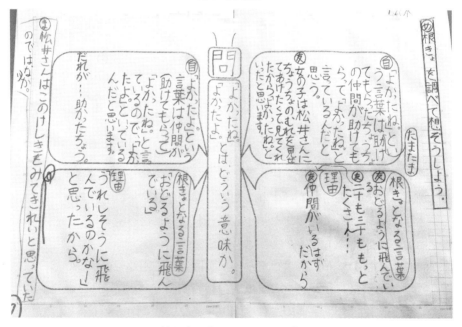

第6時の「ちょうちょマップ」

❷「なりきり日記」に表現する（第7時）

　前時までの学習を踏まえ，「なりきり日記」を書きます。「白いぼうし」の登場人物のだれかになりきり，この日に起きた出来事を振り返る日記を書かせることで，様々な視点から物語の全体を豊かに想像させていきます。

T　登場人物になりきり，この日にあった出来事をどんなふうに受け止めているか想像して，「なりきり日記」を書いてみましょう。
　　ただし，以下の条件を満たしてください。

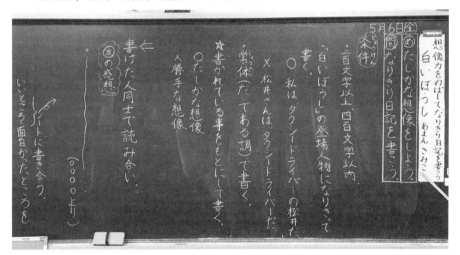

C　200〜400文字か。原稿用紙の半分以上を書けばいいのなら，意外とすぐに書けそうだ。

　書き終わった子から，「なりきり日記」を交流します。自分とは違う登場人物の立場から書いた「なりきり日記」を読むと，新たな発見がたくさんあり，思わず書き足したくなります。

●3人の会話
C これ，おもしろい！ 夏みかんのにおいをかいだお客さんに対して「おふくろの気持ちが伝わったみたいでうれしかった」なんて思ってたんだ。
C だったら，「仕事が終わったら，おふくろに電話しようかな」とか，つけ足してもいいんじゃないかな。
C あっ，それ書き足したくなった！

●2人の会話
C これ，どう？「よかったね。よかったよ。」の後に（帰ってこれて。）。
C おもしろいと思う。（人間に連れてきてもらえて。）にしてもいいんじゃないかな。
C なるほど。

（藤原　隆博）

不思議な一日　四年一組

今日は、うれしいことや不思議なことがありました。まず、おふくろが送ってくれた夏みかんのにおいて、お客さんがこんなにおけものですか？とびっくりしてくれたおふくろの気持ちが伝わってくれしかったです。しんしをおろしたそのやなぎの木の下にかわいい白いぼうしが落ちてたんです。しんしをもち上げると、もんしろちょうがふわっ、とんだ。そしてなぜここにぼうしがおいてあるのか分かった。だ、そしてちょうのかわりに、夏みかんを入れておいた。車タクシーに来るとおかっぱのかわいい女の子が客席にすわっていて菜の花横町というて行っていただけ菜の花しか見ないから向かったのでまどを開けて菜原を見ているとよかったねよかったよという声がきこえてきたのだ。シャボン玉のはじけるような声がきこえてきたのだ。

松井さんになりきった「なりきり日記」

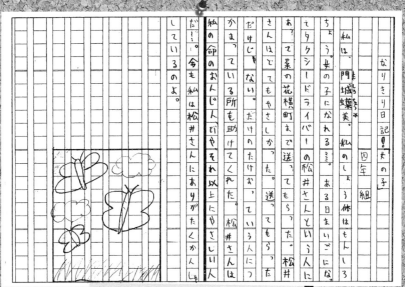

なりきり日記！女の子　四年一組

私は、門城蝶美。私のしょう体はもんしろちょう女の子になれるミミあと3日まいごになっちゃう女の子になれる。タクシードライバーの松井さんという人に菜の花横町まで送ってもらった。松井さんはどてもやさしかった。だけじゃない。だけじゃない。だけどもやさしかった。あってる所も助けてくれた。私の命のおんじんそれ以上にやさしい人だ！今も私は松井さんにありがたくかんしているのよ。

もんしろちょうになりきった「なりきり日記」

4年　ごんぎつね

人物の心が近づく様子を「2人のフレーム」でとらえよう！

単元計画（14時間）

次／時	学習活動	・指導／●評価
第1次 1時	1 「ごんぎつね」の作品としての位置づけを知る。 2 「『ごんぎつね』のおもしろさを解き明かそう」という単元の学習課題を設定する。 3 教師の範読を聞く。 4 教材文を読み、初発の感想を書く。	・多くの日本人に愛される、教科書の定番教材であることを説明し、作品に対する構えをもたせる。 ・作品の魅力を"おもしろさ"と言い換え、単元後半に他の作品と比べながら自分の言葉で「ごんぎつね」のおもしろさを語るという見通しをもたせる。 ・共通となる3つの視点をアイコン（！？♡）で示すことで初発の感想を書きやすくする。 ●「ごんぎつね」のおもしろさについて自分なりの理由をあげながら、初発の感想を書いている。（ノート）
第2次 2時 〜 3時	1 作品を音読し、場面分けをする。 2 「前ばなし」部分から、ごんの人物設定を理解する。 3 雨が上がった日に起きた事件についてとらえる。 4 1場面でのごんと兵十の心情をフレーム上に示す。	・教材文に振られた数字と、基本4場面構成との整合を図っておく。 ・ごんのやっていることは、軽いいたずらなどではなく、農家にとっては許されない度合であることを押さえる。 ●ごんの人物設定や、ごんと兵十の互いに対する見方を読み取っている。（発言・ノート）
4時 〜 5時	1 2・3場面を音読し、起きた出来事をまとめる。 2 ごんの心が変わり始めたきっかけは何かをとらえる。	・各場面で起きた出来事と、ごんの行動について、一文でまとめさせる。 ・論理的に勘違いをしていくごんの思考の移り変わりを、図を用いて可視化し

	3	つぐないを始めたごんの様子をとらえる。	ていく。 ●ごんの心情が変わるまでの，思考の移り変わりについて，順序立ててとらえている。（発言・ノート）
	4	2・3場面でのごんの心情の変化をフレーム上に表す。	
6時 〜 8時	1	4場面を音読し，月夜の晩のごんの心情をとらえる。	・ごんの細かい行動から兵十への親愛の情が深まっていることをとらえさせる。 ・視点人物の変化の理由と効果を考えさせる。 ●フレームで表した二者の心情の変化を基に「ごんぎつね」のおもしろさの理由を自分なりに書いている。（ノート）
	2	5場面を音読し，クライマックス場面の兵十の心情をとらえる。	
	3	ごんと兵十の心情の変化を，フレーム上に表す。	
	4	「ごんぎつね」のおもしろさの理由について，自分の考えを書く。	
第3次 9時 〜 10時	1	前時に書いた「ごんぎつね」のおもしろさを交流する。	・互いの読みの視点が違えば，おもしろさの理由も異なってくることに気づかせる。 ・短時間で物語のあらましを理解させるため，音読しながら出来事の順番を書いた短冊を掲示していく。 ●フレームの比較で見えてきたことを基に「ごんぎつね」のおもしろさの理由を自分なりに書いている。（ノート）
	2	「巨男のはなし」を読み，出来事をまとめる。	
	3	「巨男のはなし」のフレームを書く。	
	4	「巨男のはなし」との比較から，「ごんぎつね」のおもしろさについて，自分の考えを書く。	
11時 〜 13時	1	図書室で「二者の心が近づいていく物語」を探す。	・とっかかりが見つからない子は，これまでに読んだ本を想起させたり，司書教諭のアドバイスを受けたりさせる。 ・物語の出来事の抜き出しと，心情の書き込み程度の簡易な活動に抑える。 ●フレームの比較で見えてきたことを基に「ごんぎつね」のおもしろさの理由を自分なりに書いている。（ノート）
	2	見つけた物語を読み，出来事をまとめる。	
	3	選んだ物語のフレームを書く。	
	4	自分が選んだ物語との比較から，「ごんぎつね」のおもしろさについての自分の考えを書く。	
第4次 14時	1	「初発の感想」と「ごんぎつねのおもしろさの理由①〜③」を比べて，見方の変容をとらえる。	・これまでに書いてきた感想や理由から，読みの深まりが見える部分にはサイドラインを引かせ，自ら意識できるようにする。 ・ペアでの説明の後，相手の見方の特徴について，必ず感想を言わせる。 ●自らの読みの変容について，記述の軌跡を引用しながら，客観的にまとめている。（ノート）
	2	見方の変容についてペアで説明し合う。	
	3	互いの見方の変容について全体で交流する。	
	4	自らの読みの変容について文にまとめる。	

言語活動の概要

　この単元では，二者の心情が近づいていく際に起こる「ずれ」に焦点を当てます。この「ずれ」こそが，物語を喜劇にも悲劇にもするポイントなのです。そこで，主たる言語活動として，下図のような「２人のフレーム」を用いて，心情の変容とずれを可視化します。このフレームの特徴は，上下に分かれた二者の心情が，中央に近づくほど親愛度が高まるところにあります。

　毎時間，それぞれの場面で読み取ったごんと兵十の親愛度の高まりをフレーム上に位置づけていきます。

　第８時にクライマックス場面を読むときには，ごんと兵十が本当に理解し合えたときは，すでにごんは死ぬと決まった後であることがわかります。また，ごんの心情は少しずつ兵十に近づいていったのに対して，ここまで兵十の心情は一切変わっていないことも見えてきます。これらの「ずれ」が悲しさとして読み手に伝わることが，名作と呼ばれる所以だと子どもにも理解できるでしょう。

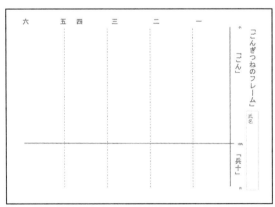

　第９時以降は，他の作品をフレーム化することで，「ずれ」が生み出す作品のおもしろさを味わっていきます。同作者の「巨男のはなし」や，ずれがおかしさを生む「お手紙」と比較することで，「ごんぎつね」がなぜ長い間多くの人から愛されているかの理由を解き明かしていくのです。

言語活動の実際

❶「2人のフレーム」に，変わり始めた
　ごんの気持ちを位置づける（第4時）

　2場面を音読し，1場面のいたずらばかりしているごんとのずれを感じさせることで，本時の問いを見いださせます。

> いたずらぎつねのごんが，かわり始めたきっかけは？

T　ごんは何をしに村に来たんだろうね？
C　またいたずらをしに来たんだよ。遠くから村人のこと見てるでしょ。
C　そうそう。最初はいたずらしようと思ってたんだけど，なんだか村人の様子が違うぞって思って。
C　ここのごんって，すごく頭がいいよね。村人の様子をヒントにして，少しずつ考えていく，名探偵みたい。
C　ああっ，そうかも。墓地に先回りしているしね。
T　そのころにはもう，いたずらのことは考えていなかったのかな？
C　はい。けっこう最初の方から，何をやっているのかが気になっていた感じです。でも，1場面でもまずは兵十のことを見ていたよね。
C　ということは，この日の昼のうちはまだ1場面と同じごんなのかな。

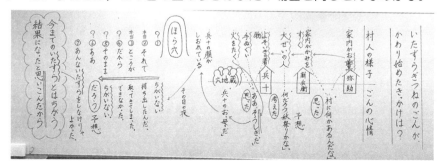

前半の村の場面では、ごんが変わり始めた様子はまだ見られませんでした。そこで、後半の穴の中の場面について読み始めます。

T　さっき、ごんのことを「頭がいい」と言っていた人がいましたが、この場面からわかることはありますか？
C　頭がいいというか、理屈っぽい言い方をしてるなぁって思います。だって、「ところが」とか「だから」とか、ふつうのキツネは使わないでしょ？
C　そう。それから終わりの部分も「ちがいない」「死んだんだろう」ってなんだか学者みたいだよね。
T　頭がよいのは確かだけど、おっかあが「うなぎが食べたい」って言って死んだと想像するのは少し無理がありませんか？
C　それはその通りだと思う。死ぬ前にうなぎ食べたくなるかなぁ。
C　ごんの頭がよすぎるから、勘違いしちゃったんだよ。今までのいたずらと違って、ひどいことしちゃったと思い込んだんだ。
C　この勘違いで、この後のごんの気持ちは変わっていくんだね。

　教師は子どもが気づいたごんの想像の特徴を板書し、読みを共有しました。そして、ごんの気持ちの変化をフレーム上に位置づけさせます。

C　２の場面ではごんの気持ちが変わり始めたよね。だから、線は結構下にいくんじゃない？
C　えっ、でもまだ「悪かったなあ」と思っているだけだから、少ししか下に行かないと思うよ。
C　まだ兵十と心の距離が近づいたわけでもないしね。私も今回は少し下がっただけかな。

❷「2人のフレーム」を比較し，作品の特徴を明らかにする（第10時）

前時に「ごんぎつね」と同じ作者が書いた「巨男のはなし」を読み，あらすじをまとめた子どもたち。本時では，フレーム同士を比較して，「ごんぎつね」のおもしろさの秘密に迫っていきます。

> 3つの物語のフレームを比べて，ごんぎつねのおもしろさをさぐろう。

T　まず，巨男の心の線を書いていきましょう。巨男はだんだんやさしくなっていったの？
C　いえ。巨男は最初からやさしかったし，死ぬまで白鳥になった姫のことを考えていました。
C　えっと，だから心の線はまっすぐなままだよね。ごんとは大違いだ。
T　それじゃあ，姫はだんだん巨男を好きになっていったの？
C　ううん，それは書いていないのでわかりません。ただ，最初から逃げようとしなかったから，好きだったのかな。
C　それも兵十と全然違うね。
C　2人の気持ちが最後までわかり合えないのも「ごんぎつね」と違うよ。何だか恋愛ドラマを見ているみたいだね。
C　そのへんがあまり有名じゃない理由かも。

２作品とは異なり，二者がわかり合えてからの時間が長く書かれた「お手紙」についても，フレームに書き，比較してみます。

T　「お手紙」は「ごんぎつね」や「巨男のはなし」と違う形になったね。
C　最後が幸せになるパターンの話だから。
C　そうそう。途中で２人の気持ちがずれる場面があるんだけど，この後仲直りするってわかるからね。
C　がまくんがムキになればなるほど，読んでいておもしろいんだよ。

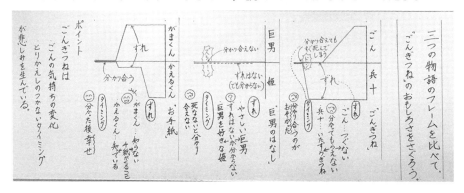

　最後に，他の物語と比較したからこそわかる「ごんぎつね」のおもしろさとは何かをたずねます。

C　やっぱり，ごんがだんだん兵十を好きになって，いいキツネになっていくところがおもしろいと思う。読んでいてこっちも好きになっていく。
C　それから，終わり方のタイミングがちょうどいいんじゃない？　わかり合えてからの時間が「お手紙」みたいに長いと幸せすぎるし，「巨男のはなし」みたいに全然ないと悲しすぎるでしょ。
C　なるほどね。ほんの少しの時間だけでもわかり合えたから，ごんの気持ちは救われたのかもしれないね。

（宍戸　寛昌）

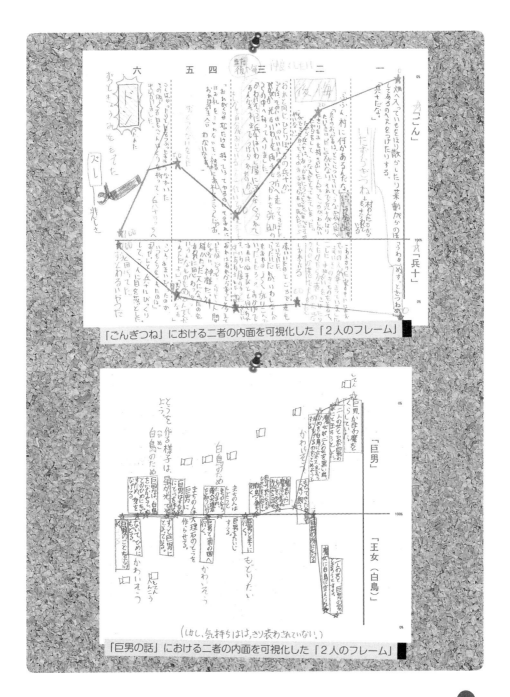

「ごんぎつね」における二者の内面を可視化した「2人のフレーム」

「巨男の話」における二者の内面を可視化した「2人のフレーム」

4年 走れ

登場人物の変容をとらえて「作品まとめ」を書こう！

単元計画（9時間）

次／時	学習活動	・指導／●評価
第1次 1時	1 教師の範読の後、初発の感想を書く。 2 初発の感想を伝え合い、互いに注目している部分について知る。 3 作品を音読し、場面分けをする。 4 学習の振り返りをノートに書く。	・初発の感想を書く際には、「おもしろいな」「どうしてだろう」「すごいな」などといくつか視点をあげておく。 ・感想だけではなく、学級全体で話し合いたい話題も書かせることで、自分なりの問いをもって読み進めることができるようにする。 ・初発の感想を出させる中で、物語全体の変容をとらえることができるように板書し、「登場人物の変容をとらえる」という課題を意識できるようにする。 ●「走れ」に興味をもち、考えたことや思ったことを伝えることができている。（観察）
2時 〜 3時	1 作品を音読し、場面を一文で表す（一文まとめ）ために、大事な言葉を見つける。 2 3、4人のグループで話し合い（グループ対話）、一文まとめをつくる。 3 各班がつくった一文まとめを、学級全体で確認する。 4 学習の振り返りをノートに書く。	・物語を知らない人でも、各場面の一文まとめを読めば、内容がわかるように書くことを伝える。 ・各班がつくった一文まとめを、学級全体で確認する際には、「時（いつ）・場所（どこで）・人物（だれが）・主な出来事（どうした）」が、伝わるようになっているかを押さえる。 ●叙述を基に、各場面の出来事について話し合っている。（ノート・観察）

第2次 4時 〜 6時	1	本時のめあてを確認する。	(第4時〜第7時 共通) ・のぶよの会話文や行動描写を基に、プラスの心情は赤色、マイナスの心情は青色で塗り、根拠と理由を書かせ、考えを明確にさせる。 ・のぶよの心についてグループ対話し、互いの読みのずれに気付かせ、グループ対話で出てきた読みのずれを話題にする。 (第4時) ・けんじの強い期待が表れている描写とのぶよの憂鬱な気持ちが表れている描写を対比的に板書する。 (第5時) ・けんじとお母ちゃんの描写を基に、のぶよの心情を読み取らせる。 (第6時) ・心内語と地の文を役割音読させたり、会話文と題名との関係を話題にしたりすることで、心情を読み取らせる。 ●登場人物の会話文や行動描写を基に、人物の気持ちを想像して読んでいる。（ノート・観察）
	2	（第4時）作品を音読し、ノートに「運動会の朝ののぶよ①」の心の色を塗り、その理由を書く。（第5時）作品を音読し、ノートに「けんじの短距離走からお弁当までののぶよ②③」の心の色を塗り、その理由を書く。（第6時）作品を音読し、ノートに「走るのぶよ④」の心の色を塗り、その理由を書く。	
	3	3、4人のグループで考えを伝え合う。	
	4	グループ対話で生まれた読みのずれを課題にして話し合う。	
	5	学習の振り返りをノートに書く。	
7時	1	本時のめあてを確認する。	・第4〜6時ののぶよの心情の変化について話題にし、「どのように変わったのか」「なぜ変わったのか」について考えさせる。 ●中心人物の変容について考えている。（ノート・観察）
	2	のぶよの心情の変化とその理由について話し合う。	
	3	学習の振り返りをノートに書く。	
第3次 8時 〜 9時	1	第2次までを振り返り、「作品まとめ」を書く。	・ノートを見返しながら、中心人物の変容について、本文の叙述を根拠に「作品まとめ」を書くことを伝える。 ・物語が最も強く語りかけてきたことを書くことで、主題をとらえることにつなげる。 ●中心人物の心情の変化と、それに対する自分の考えを書いている。（ノート）
	2	「作品まとめ」を読み合い、感想を伝え合う。	
	3	学習全体を振り返る。	

言語活動の概要

　第1次では，物語全体の出来事をとらえるために，各場面を一文で表す活動を行います。各場面を一文で表すために大切な言葉を各々で見つけた後，3，4人のグループになって話し合い，一文で表します。話し合う中で，出来事の流れをとらえたり，互いの注目している言葉の違いに気づいたり，登場人物の行動に言及したりして，読み深めにつなげることができます。

　第2次4〜7時では，「中心人物の心の色を表してみよう」と投げかけ，子どもの中にある様々な読みを可視化し，問いを焦点化することで話し合いの土台をつくります。見開き2ページのノートに，物語全体で読み取ったことがわ

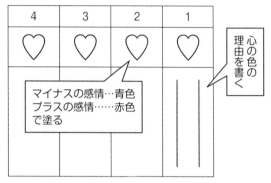

かるように，自分の考えを書いていき，それを基にグループで話し合います。色をきっかけに互いの読みを伝え合うことで話題が生まれ，主体的な話し合いにつなげることができます。

　さらに，毎時間の学習の振り返りを書くことで，自己の学びを実感できるようにします。ここでは，「満足度を示して，理由を具体的に書きましょう」と指示し，自分の学びを明確に表現できるようにします。「満足度」の表現方法については複線化し，楽しく振り返ることができます。

　第3次では，第2次までの学びを1枚の「作品まとめ」として表現した後，仲間と読み合うことで，読み深めや学びの過程を共有します。

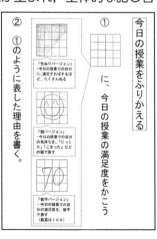

振り返り方法の説明

言語活動の実際

❶グループで話し合い，場面を一文で表したものを確認する（第2時）

3，4人で話し合ったものを黒板に掲示し，学級全体で内容について吟味します。

> 各場面の内容が伝わるように書かれているか話し合おう。

T 「のぶよは，けんじと運動会のことを話していた」（1班のまとめを読み上げる） どう？
C 「いつ」の言葉を最初に書いて，その後に「のぶよは」と書いた方がいいんじゃないですか？
C 確かに。
T じゃあ，「いつ」を入れるには，どんな言葉がいい？
C 「ある朝」っていう言葉がよさそう。
C 「ある朝」だけでいい？
T なるほど。「ある朝」だけで本当にいい？
（ペア・グループ対話の時間をとる）
C 「春の運動会」という言葉が大事だと思う。
C うん，この物語は運動会の話だから入れた方がいいです。
C ある朝，でも，まさに運動会の日の朝だから。
C そうそう，はじめが大事。

「本当にいい？」と問い返すことで本文に立ち返らせ，ペア・グループ対話の時間をとることで，自分の考えを表現する場を保障することができます。

❷「走るのぶよ」の心の色について話し合う（第6時）
　個人で塗った心の色と理由を，グループ対話で交流します。

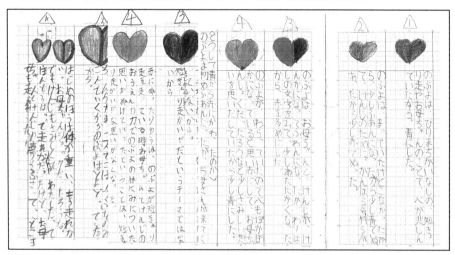

第4～6時で対話の基となるノート

●グループ対話（4人）
C　赤く塗って，でも少し青を残しました。
C　「少し青」ってどうして？
C　だって，走っているときに，「お母ちゃん，ショックだっただろうな」って書いてあったから。○○ちゃんは？
C　私は，2つハートを書いちゃった。
C　えっ，なんで？
C　おれも！
C　あのさ，はじめは「体が重い」って書いてあって青でしょ。でも，後から「どこまでも走り続けた」じゃん？　だから赤。

C　ハート2つもありだよね。変わってるんだから。

　グループ対話での話題を教室全体で共有します。つぶやきが多かったり，内容が重なったものを全体で話し合う課題として設定します。
　学級には，内容理解に時間がかかる子や考えを表現することが苦手な子がいます。その子たちも含め，学級全体の「友だちの考えを聞きたい！」「私の考えを伝えたい！」という意欲が高まるように，選択式にする，度合いを示させる（「…な気持ちはどれくらい？」）など，発問の工夫をするとよいでしょう。

●全体対話
T　各グループで，どんな話題が出ましたか？
C　班の人が，ハートを2つ書いていて，途中で心が変わった。
C　「走れ！　そのまんま走れ！」は，だれが言ったのかな？
C　確かに。そこだけだれって書いてない。
T　確かにそうですね。だれの言葉なのでしょう？
C　題名も「走れ」。
T　本当だ。題名の「走れ」ともつながりますね。「走れ！　そのまんま走れ！」とは，だれの言葉なのでしょう？
C　お母ちゃんじゃない？　2人でしょ。
T　（子どものつぶやきを基に，教師が選択肢をあげる）
　　①けんじ，②お母ちゃん，③けんじとお母ちゃん，④その他
　　どうですか？

●黒板にネームマグネットを貼った後の対話
C　だれにした？
C　だれとも書いてないけど，お母ちゃんとけんじかな。
C　その前にけんじとお母ちゃんが応援しているから，2人だよね。

C 「その他」，1人だね。
T どの人の考えを聞いてみたい？
C 「その他」の人！

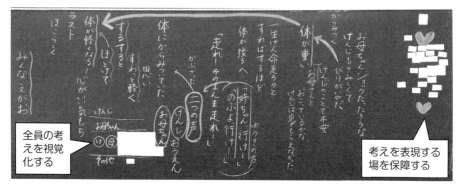

第6時の板書

❸自分が読み深めたことの「作品まとめ」をつくる（第8，9時）

　前時までの学習を振り返り，「作品まとめ」をつくります。「作品まとめ」では，どのような視点でまとめるかが，学びを実感させるために重要になってきます。ここでは，中心人物の心情の変化について考えてきたので，中心人物の変容を表すことができるような枠を与えます。

　「作品まとめ」をなかなか書き出すことができない子がいる場合は，書いている途中でも，教室内を歩いて友だちの作品を見て回ってもよいとすることで，話し合った内容を振り返ることもでき，参考にもなります（ギャラリーウォーク）。

　「作品まとめ」が完成したら，「作品まとめ」と自分のノートを机上に置き，互いの「作品まとめ」を見合う時間をとります。仲間の「作品まとめ」を読んで，ひと言コメント（思ったことや感じたことなど）を互いのノートに書き込みます。

（手島　知美）

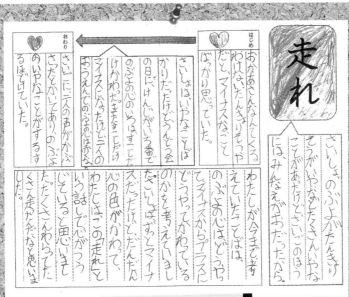

子どもの書いた「作品まとめ」

「作品まとめ」へのひと言コメント

5年 大造じいさんとガン
「堂々作戦」を提案しよう！

単元計画（8時間）

次／時		学習活動	・指導／●評価
第1次 1時〜2時	1 2 3 4 5 6	教師の範読を聞く。 初読の感想を書く。 学習課題「大造じいさんに，堂々と戦う作戦を提案しよう」を把握する。 新出漢字と難語句の確認をする。 音読の練習をする。 学習を振り返る。	・作品を読んで感じたことや考えたこと，疑問に思ったこと等を書かせる。 ・「堂々」と戦い合うための新しい作戦の提案を考えることを伝える。 ・様々な音読の仕方で進める。 ・新出漢字の読みや書き順，熟語や部首について全体で確認する。 ●範読を集中して聞き，初読の感想をまとめている。（ノート）
第2次 3時	1 2 3 4 5	作品を音読する。 何年間に渡る物語なのか考える。 作戦名をつける。 各場面を一文で表す。 学習を振り返る。	・「起・承・転・結」の構成と各場面の相関について確認する。 ・何年に渡る物語なのかを考えた後，1・2・3年目の残雪をつかまえる作戦について，作戦名を考えさせる。 ●物語の構成をとらえ，作戦名をつけている。（ノート・観察）
4時	1 2 3 4 5	作品を音読する。 課題「なぜ，大造じいさんは残雪がいまいましいのだろう」について考える。 各作戦での大造じいさんの残雪に対してのとらえ方に着目し，大造じいさんの変化に気づく。 課題についての答えをまとめる。 学習を振り返る。	・残雪が登場したことによって，大造じいさんは狩人であるが，ガンが1羽もとれない状況であることを確認する。 ・残雪のとらえ方に着目させることによって，大造じいさんの残雪への見方が変化していることに気づかせる。 ●大造じいさんの残雪への見方が変化していることに気づいている。（ノート・発言）

5時	1 作品を音読する。 2 課題「なぜ、大造じいさんの残雪に対する見方が変化したのだろう」について考える。 3 残雪の見方がどこでどのように変わったのかについて話し合う。 4 課題についての答えをまとめる。 5 学習を振り返る。	・本文の叙述を基に、大造じいさんの残雪への見方が具体的にどのように変化したのかを確認する。 ・クライマックスについて話し合うことによって、「なぜ」変化したのかという本時の課題の答えにつなげさせる。 ●大造じいさんの残雪への見方の変化をとらえ、課題に対する答えをまとめている。(ノート・発言)
6時	1 作品を音読する。 2 課題「なぜ、第4場面は明るい感じがするのか」について考える。 3 第4場面から、明るい感じがする要因となる箇所を抜き出す。 4 大造じいさんの「ひきょう」の考え方について話し合う。 5 課題についての答えをまとめる。 6 学習を振り返る。	・第4場面は明るく晴れやかな情景描写や肯定的な表現が多いことを確認する。 ・大造じいさんの会話文から「ひきょうなやり方」という語に着目させ、これまでの作戦から狩人・大造じいさんとしての「ひきょう」のとらえ方について話し合わせる。 ●第4場面の表現の工夫について理解している。(ノート・発言)
第3次 7時	1 めあての確認をする。 「大造じいさんに堂々と戦うための作戦を提案しよう」 2 「提案書」の書き方を確認する。 3 グループで「堂々作戦の提案書」について話し合う。 4 「提案書」にまとめる。 5 学習を振り返る。	・残雪への見方が尊敬や畏敬の念へと変化した大造じいさんに、作戦を提案するというめあてを設定する。 ・既習事項の「提案書」の書き方の学びを生かして取り組ませる。 ・第4場面の残雪の見方や「ひきょう」の考え方を踏まえて考えさせる。 ●「堂々作戦の提案書」についてグループで話し合い、提案書にまとめている。(観察・提案書)
8時	1 めあての確認をする。 「提案書のプレゼンテーションをしよう」 2 グループごとに提案書のプレゼンテーションを行う。 3 学習を振り返る。	・プレゼンテーションということから、提案の「よさ」についてアピールする発表を行わせる。 ・自分以外の各班の提案についての感想や意見を書かせる。 ●各グループの提案書のプレゼンテーションを聞いて、感想や意見をまとめている。(発表・感想用紙・ノート)

言語活動の概要

　第3次では、大造じいさんに残雪と堂々と戦うための作戦を提案します。
　大造じいさんは、第4場面で残雪に「ガンの英雄」「えらぶつ」という最大限の賛辞をおくっています。「たかが鳥」「あの残雪め」と呼んでいたころとは大違いです。そして、「ひきょうなやり方でやっつけたくない」「堂々と戦おう」と今後のクリーンな再戦を希望しています。飛び去る姿を見守って物語は終わりますが、この後の再戦を想像することは、考える価値のある思考作業になります。
　この思考作業のポイントは2つあります。
　1つめは、大造じいさんが「狩人」であるということです。子どもたちは、自分たちの感覚で、「ひきょう」のラインを決めてしまいます。しかし、「狩人」である大造じいさんにとって、残雪のリーダーシップとクレバーな立ち回りは死活問題につながります。大造じいさんの「ひきょう」のラインはどのようなものなのかを考える必要があります。
　2つめは、これまでの作戦を越える優れた作戦でなければならないということです。ハヤブサの想定外の参入によって、残雪をつかまえることができましたが、大造じいさん自身の作戦では、思うような結果が出ていません。頭領らしい堂々たる態度に出会い、ライバルと認定した残雪をこれまでの作戦レベルでは到底捕まえることなどできないでしょう。そこで新たな作戦が必要になります。
　第7時では、グループでの話し合いを行い、「提案書」という形で上記の2点のポイントを含めた作戦を表します。第8時では、提案する作戦の「よさ」をメインに、完成した「提案書」のプレゼンテーションを行い、意見を交わします。
　「提案書」は、前の単元の書くこと領域の既習を活用しました。項目は、「作戦名」「提案するきっかけ」「提案」「提案の効果」としています。「作戦のセールスポイント」などを項目に加えてもよいでしょう。

言語活動の実際

❶大造じいさんに堂々と戦うための作戦を提案する（第7時）

「大造じいさんに堂々と戦うための作戦を提案しよう」をめあてに「提案書」の書き方を確認し、各グループで「堂々作戦の提案書」について話し合います。そして、話し合った内容を「提案書」にまとめ、学習を振り返ります。

第7時の板書

C 餌のたにしに「ますい」を使うのはどうかな？
C もっと詳しく言って。
C これまでの作戦では、たにしに糸とつりばりをつけていたんだよ。それを伸ばして異常なしと認めてから飲み込んでいた。
C たにしには何もつけない方がいいね。
C そうだね。それから？
C はじめは普通のたにしをばらまいておく。その場所がお気に入りになるまで3〜4日待ち、いよいよ「ますい」入りのたにしをばらまく。そして残雪が眠ったすきに、網か何かで捕まえる。
C わあっ！
C でも、「ますい」を使うのは「ひきょう」じゃないのかな。

C　ううん，確かに。
C　いや，ぼくたちは「ひきょう」な感じがするけれど，大造じいさんは「ひきょう」だと思わないよ。
C　どうして？
C　大造じいさんは，だれかの手を借りてつかまえることが「ひきょう」だと考えていると思う。
C　ハヤブサのときのことね。
C　生活していくためには，「ますい」も使っちゃうのかな…？
C　ううん。難しいところだね。
C　一からつくれば「ひきょう」じゃないと思うよ。一応よしとして提案してみよう。

グループの話し合いの様子

❷完成した「堂々作戦」の提案書をプレゼンテーションする（第8時）

　「提案書のプレゼンテーションをしよう」をめあてにグループごとにプレゼンテーションを行います。話し手は，作戦のセールスポイントを訴えます。聞き手は，作戦についての質問や感想等を伝えます。最も優れた作戦とその理由について各々に書かせてもよいでしょう。

グループごとにプレゼンテーションを行います

C　私たちが考えた堂々作戦は，「あみじゅう作戦」です。
C　提案するきっかけについてです。これまでは，ハヤブサなど他人の力を借りたひきょうなやり方で残雪を捕まえようとしていました。そのことから，大造じいさんが来年，残雪と戦うときに他人の力を借りずに堂々と戦って，つかまえる方法が必要ではないかと考えました。この考えに沿って，次のことを提案します。

C 銃の中に網を入れて準備します。うなぎつりばりでガンを引き寄せ、餌を食べようとしたときに銃を撃ちます。あみでガンを閉じ込めてつかまえる作戦です。

C うなぎつりばりを危険ではないか確かめる場面がありました。そこで、確認している間をつくります。その間に網を撃ちます。

C これまでの銃の弾では、小さくて当たらなかったと思います。そこで、たまの先に網をつけて、範囲の広い網を撃って捕まえます。

C 今までやった作戦と今まで使ったことのない作戦を組み合わせることで、ひきょうなやり方ではなく、堂々と戦えて、今までよりも捕まえやすくなると考えました。

作戦の様子を絵で解説しています

（大江　雅之）

「ますいたにし作戦」の提案書

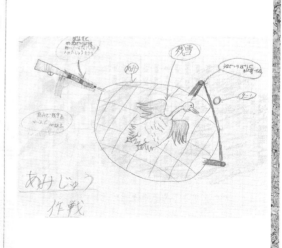

「あみじゅう作戦」の提案書

5年　注文の多い料理店

「くふう発見リーフレット」で表現の工夫を紹介しよう！

単元計画（10時間）

次／時		学習活動	・指導／●評価
第1次 1時	1	題名や扉の絵を基に、どんな話か想像する。	・多様な意見を出させて物語に対する関心を高める。
	2	「注文の多い料理店」を教師が範読する。	・おもしろい・不思議だと思ったことなどの視点を与えて聞かせていく。
	3	おもしろかったこと、不思議だったことなどの感想を交流する。	・感想より、表現の工夫に関することに着目させ、学級全体で共有させる。
	4	課題「なぜ2人の紳士の顔は元に戻らなかったのか」を確認する。	・感想より、共通して思ったことを大きな学習課題として設定する。
	5	「くふう発見リーフレット」を見せ、表現の工夫を確認する。	●「注文の多い料理店」を関心をもって読んでいる。（ノート・発表）
	6	学習を振り返る。	
第2次 2時	1	本時のめあてを確認する。	・設定場面の「時・場・人物」をとらえることを確認する。
	2	ファンタジー作品の特徴を知る。	・夢と現実の世界の構成を理解させる。
	3	中心人物の言動や様子から、2人の紳士の人柄などを考える。	・中心人物の性格を文中の言動や様子の表現を基に考えさせる。
	4	学習を振り返る。	●中心人物の会話や行動から人物像をとらえている。（ノート・観察）
3時	1	本時のめあてを確認する。	・本時のめあてが物語の大まかな流れをつかむことを確認する。
	2	物語の大まかな流れをまとめる。	・物語を場面で分け、「○○な紳士」というように簡単な文でまとめていく。
	3	戸の数や注文から、山猫がどのように注文していったのか把握する。	・戸の数を数えさせ、扉の両面に注文があったことを読み取らせる。
	4	学習を振り返る。	●物語の大まかな流れをとらえている。（ノート・観察）

4時	1	本時のめあてを確認する。	・表現の工夫をとらえることを確認する。
	2	注文が書いてあった戸や言葉，置かれたものについて考える。	・戸や文字の色を読み取らせ，多くの色が使われていることに気づかせる。
	3	色彩についての効果を考える。	・色の効果を紳士の人物像と合わせて読ませていく。
	4	学習を振り返る。	●色の工夫や効果について読み取っている。（ノート・発表）
5時	1	本時のめあてを確認する。	・注文の言葉の工夫をとらえることを確認する。
	2	注文の内容と猫の考えの違いを考える。	・それぞれの注文の言葉について，山猫はどう考えていたのか考えさせる。
	3	2つの意味の言葉に着目し，それぞれどうとらえるのか考える。	・注文の中から2つの意味のある表現について探させて，共有させる。
	4	学習を振り返る。	●2つの意味のある表現に気づいている。（ノート・発表）
6時	1	本時のめあてを確認する。	・中心人物の変容と表現の工夫についてとらえることを確認する。
	2	紙くずのようになった顔について読み取る。	・どのような顔なのか想像させ，たとえの表現の工夫について気づかせる。
	3	なぜ，紳士の顔は元に戻らなかったのか考える。	・くしゃくしゃになった顔がなぜ戻らなかったのか人物像を基に考えさせる。
	4	学習を振り返る。	●中心人物の変容と表現の工夫に気づいている。（ノート・発表）
7時～8時	1	本時のめあてを確認する。	・表現の工夫をとらえることを確認する。
	2	表現の工夫の種類について確認し，その効果について考える。	・4つの視点でホワイトボードにまとめさせ，その効果について考えさせる。
	3	宮沢賢治の他の作品を読み，表現の工夫について考える。	・同じ作品同士で協力して探させる。
	4	学習を振り返る。	●表現の工夫と効果について気づいている。（ノート・発表）
第3次 9時～10時	1	本時のめあてを確認する。	・2つの作品の表現の工夫をまとめることをとらえる。
	2	「くふう発見リーフレット」を作成する。	・準備シートにあらかじめ書かせ，リーフレットに転記させていく。
	3	「くふう発見リーフレット」を交流する。	・全体で共有し，表現の工夫の効果をまとめる。
	4	教材文の表現の工夫をまとめる。	●表現の工夫と効果について気づいている。（作品・発表）
	5	学習を振り返る。	

言語活動の概要

❶ 「くふう発見リーフレット」を使って表現の工夫を考える

　物語の表現の工夫について，2冊の本を読んでまとめていきます。

　表現の工夫を見つけたら，同じ作者や表現の工夫がある関連図書の本を読み，同じ視点を決めて，左と右にまとめていきます。

注文の多い料理店　**双子の星**

 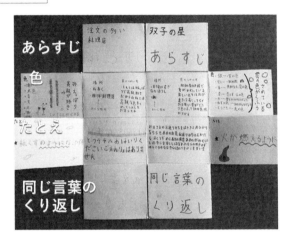

❷ ホワイトボードと付箋を使って表現の工夫と効果を考える

　色彩の工夫・同じ言葉の繰り返し等の言葉を，グループで探し，付箋に書いてホワイトボードに貼っていきます。

　その後，色彩はイメージで，2つの意味はだれが言ったかで付箋を整理し，その効果について話し合います。

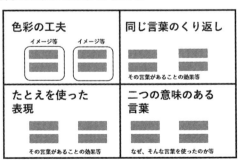

4つの視点で分類したホワイトボード

言語活動の実際

❶色彩の工夫について考えたことを話し合う（第4時）

それぞれの戸や文字の色などから，色彩の工夫に気づかせます。

T 2人の紳士がだまされたのは，山猫がいろんな工夫をしていたからですね。その中で色について考えてみましょう。
C 黒色。　　C 金色。　　C 水色。
C 黄色。　　C 赤色。
T これらの色の中で，紳士をだますために使った色はあるでしょうか？
「紳士は○○な性格で，○色は○○なイメージだから」と答えましょう。
C 紳士は見栄っ張りな性格で，金色は豪華なイメージだから。
C 紳士は金にうるさそうな性格で，黒色は金庫などに使うイメージだから。
T 色にはいろんなイメージがあるんですね。

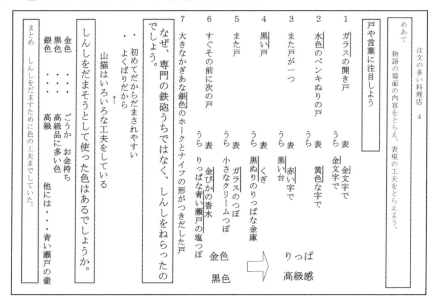

第4時の板書

❷物語の表現の工夫を探し,その効果を話し合う(第7時)

　色彩,同じ言葉のくり返し,たとえのある言葉,2つの意味をもつ言葉について,教材文からさがして付箋に書き,ホワイトボードに貼っていきます。
　言葉を付箋に書いて貼り終わったら,視点ごとにその効果について話し合います。

C　色はイメージごとにまとめてみよう。
C　たとえがある言葉は,どういう感じなのかイメージできるね。
C　同じ言葉の繰り返しは,「泣いて泣いて泣いて泣いて泣きました」のように,とっても悲しんでいる様子が詳しくわかっておもしろくなるよ。

視点ごとに付箋を貼ったホワイトボード

❸「くふう発見リーフレット」を作成し紹介し合う（第9時）

　宮沢賢治のもう1つの作品を読み，同じ視点で表現の工夫を探します。色彩や2つの意味を表す言葉など，表現の工夫で気づいたものを準備シートに書きこんでいきます。

		感想	表現の工夫						あらすじ	紹介する作品	「工夫発見リーフレット」の準備シート
			同じ言葉のくり返し	たとえを使った表現	色さいを使った表現	様子を表す言葉	二つの意味を持つ言葉や表現	題名の意味 物語のしかけ			（ 　 ）
注文の多い料理店											
もう1つの作品											（ 　 ）

リーフレット準備シート

C　ぼくは「注文の多い料理店」と「双子の星」にしよう。
C　「双子の星」は雲の色をいろんな色で表現しているね。
C　気持ちを表現しようとしているのかな。

　2冊の作品を準備シートにまとめたら，四つ切り画用紙を二つに折った後，右のように切ってリーフレットにまとめていきます。

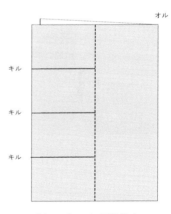

リーフレットの切り方

リーフレットができ上がったら，本と一緒にリーフレットで説明しながら交流します。互いの作品を読んで表現の工夫を話し合ってもおもしろいです。

C　ぼくは「注文の多い料理店」と「よだかの星」にしました。
C　「よだかの星」も色の工夫，たとえを使った表現，同じ言葉のくり返しが出ています。「よだかの星」でも，「まるでたかのように」などのたとえを使った表現がたくさんあって，想像がとてもしやすいです。

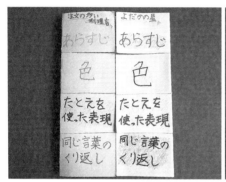
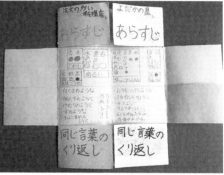

（比江嶋　哲）

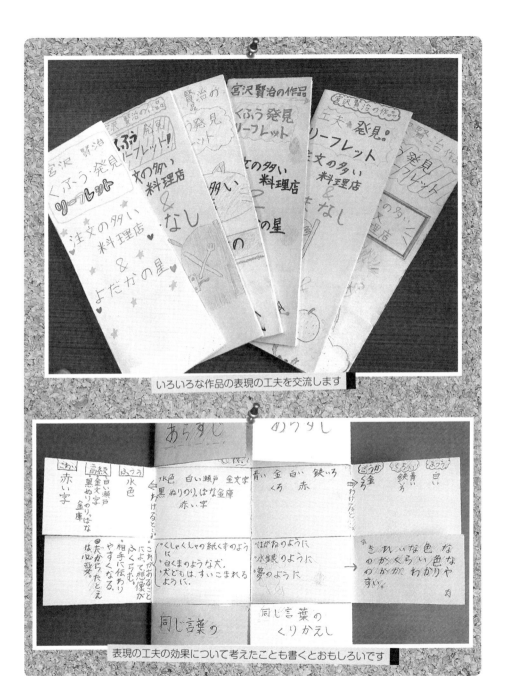

5年　世界でいちばんやかましい音

「チェンジカード」で心情や情景の変化を伝えよう！

単元計画（7時間）

次／時	学習活動	・指導／●評価
第1次 1時	1 題名や絵からどんな物語か想像する。 2 教材「世界でいちばんやかましい音」を教師が範読する。 3 感想を出し合い，課題「始めと終わりで最も大きく変わったものはなにか」を把握する。 4 チェンジカードを提示し，最後にカードにまとめていくことを確認する。 5 学習を振り返る。	・いろいろ予想させ，作品への関心を高める。 ・難語句を確認しながら読ませる。 ・おもしろかったこと・不思議なこと等の視点を与え，感想を発表させる中で，中心人物の変化に焦点を当てる。 ・前教材でモデルは作成し，変容をとらえていくことを意識させる。 ●「世界でいちばんやかましい音」を読んで自分なりの感想をもっている。 （ノート・発表）
第2次 2時	1 本時のめあて「物語の構成をとらえる」ことを確認する。 2 作品を音読し，「時・場・人」を手がかりにして場面分けをする。 3 それぞれの場面の内容をまとめる。 4 学習を振り返る。	・「時・場・人物」の視点による場面分けと「設定・展開・山場・結末」の構成を確認する。 ・視点を基にして場面に分け，どこが山場の場面か話し合わせる。 ・「○○した○○」というように簡単な一文でまとめさせていく。 ●視点を基に物語の構成をとらえている。 （ノート・発表）
3時	1 本時のめあて「物語の設定と中心人物をとらえる」ことを確認する。 2 設定場面より物語の時・場・人物について把握する。	・設定の「時・場・人」の視点と中心人物について確認する。 ・場所はガヤガヤの都だけでなく，どんな都なのかまで読ませていく。

		3 中心人物について読み取る。 4 王子がはじめとおわりでどのように変わったのか読み取る。 5 なぜ変わったのか理由を考える。 6 学習を振り返る。	・「王子」だけでなく，どのような王子なのか文を基に押さえる。 ・最初と最後でどのように変わったか読み取り，内容を振り返る。 ●物語の設定と中心人物の変容について読み取っている。(ノート・発表)
	4時	1 本時のめあて「中心人物以外の変容についてとらえる」ことを確認する。 2 はじめの場面とおわりの場面を比べて中心人物以外に変わったものについて読み取る。 3 自慢していたことが変わったことについて話し合う。 4 学習を振り返る。	・前時の中心人物の変容について確認する。 ・はじめとおわりで変わったものを対比させる。 ・町が「平和になった」ことについて，なぜ平和になったのか思考ツール「えんたくん」を使って交流させる。 ●中心人物以外の変容について自分の考えをまとめている。(ツール・発表)
	5時	1 本時のめあて「王子や町の人々が変わった理由を考える」ことを確認する。 2 山場に向かうまでの町の人々の気持ちについて振り返る。 3 王子と町の人々の心情を読み取り，町の人々が何に気づいたか意見交流する。 4 学習を振り返る。	・前時までの中心人物である王子や町の人々が変わったことを確認する。 ・会話文や行動描写から，自己中心的な考えについて共有させる。 ・町の人々の心情の変化について「えんたくん」に再度書き込み，話し合いによってさらに深めさせる。 ●中心人物とその他の人物の変容について自分なりに理由を考えている。(ノート・発表)
第3次 6時 〜 7時		1 変わったことについて自分の考えを準備シートにまとめる。 2 チェンジカードに絵と文を書いてまとめる。 3 書いたことをお互いに交流していく。 4 学習を振り返る。	・「何が変わったか」「どのように変わったか」「どうして変わったか」の自分の考えを準備シートに書かせる。 ・「チェンジカード」をつくり，準備シートを基に書き込んでいく。 ・交流を通して，友だちの作品のよさを見つけられるよう助言する。 ●「チェンジカード」を読み合い，物語の変容について自分の考えを広げている。(作品・交流)

言語活動の概要

❶「チェンジカード」を使って心情や情景の変化を伝える

　「チェンジカード」とは，しかけカードを応用したものです。

　紙を開くと絵が変わるので，何かが変わったときの表現にぴったりです。今回は，「はじめとおわりで何が変わったのか」を中心課題において進めていきます。

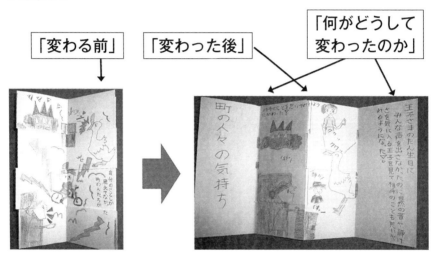

❷「えんたくん」を使って考えを深める

　「えんたくん」はグループ対話で利用されるツールです。直径1mの大きさの円盤状の段ボールで，参加者はそれをひざの上に置いて円座になります。距離感や一体感がほどよく活発に話し合えます。円形の模造紙をのせていろいろ書き込んでいきます。

言語活動の実際

❶ 中心人物とその他の変容について考える（第4時）

　はじめに，前時で学習した中心人物の王子の変容について確認します。

T　前の時間，世界で一番やかましい町でとりわけやかましい王子が，自然の音を聞いて，とても喜んだと学習しましたね。
　　変わったのは王子だけでしょうか？　他に変わったものをはじめとおわりで比べて見つけましょう。
C　①「人々」　　　②「アヒル」　③「ドアの戸の閉め方」
　　④「おまわりさん」　⑤「立て札」
T　変わったものはこれだけでしょうか？　他にありませんか？
C　⑥「じまん」
C　世界でいちばんやかましいことを自慢していたのが，世界でいちばん静かで平和だということを自慢するようになった。
T　町中が変わった。静かだけでなく，平和にもなったんですね。

❷「えんたくん」を使って変容の理由について交流する（第5時）

　グループごとに「えんたくん」を囲みます。中心に話し合う題を書き，そのまわりに自分の考えを書きます。その後，「交流の技カード」の言葉を活用して，同じ考えは線で結んだり，違う考えは説明を聞いたりしながら，読みを広げていきます。

T　どうして世界一やかましい町から世界一静かで平和な町になったのでしょう？
C　心がおだやかになったから。
C　相手のことを考えるようになったから。
C　それについて，もう少し詳しく教えて。

C　はじめ自分のことしか考えていなかった町の人たちが、思いやりをもって生活するようになった。
C　つまり、音だけじゃなく心まで変わったということなんじゃないかな。

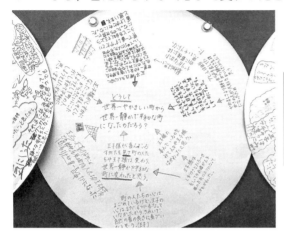

　　「えんたくん」で交流した模造紙　　　　　　　交流の技カード

❸山場の変化を準備シートに書き、
チェンジカードにまとめて伝え合う（第6,7時）

　中心人物やその他の変容とその理由について交流させた後、
「どこで変わったのか」
「どのように変わったのか」
「どうして変わったのか」
について、準備シートを基に、チェンジカードにまとめていきます。
　どこに何を書くのかわからない子どものために、モデルのプリントを渡しておくとスムーズです。
　でき上がったら、みんなで交流していろいろな考えを聞いて読みを広げていきましょう。お互いに感想を付箋に書いて貼り合うと効果的です。

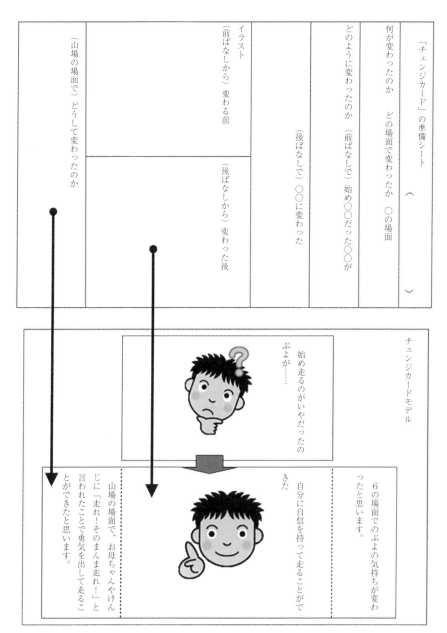

準備シートとチェンジカードのモデル（前単元のもの）

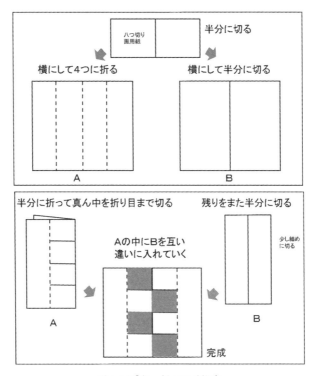

チェンジカードのつくり方

C 私は,とてもやかましかった人たちが,相手のことを考えるようになって,静かになったと思う。

C 同じ同じ！ 王子様を見て,自分のことばかり考えていたことに気づいたんだよね。

（比江嶋　哲）

変わったものは町，王子などいろいろ出てきます

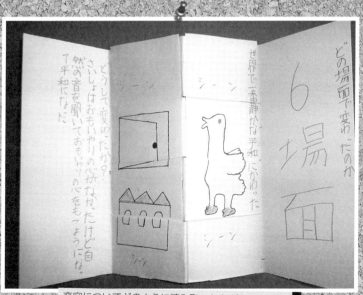

変容についてどのように読み取ったかがわかります

6年　やまなし

賢治作品でリテラチャーサークルをしよう！

単元計画（9時間）

次／時		学習活動	・指導／●評価
第1次 1時 〜 2時	1 2 3 4 5 6	教師の範読を聞く。 初読の感想を書く。 学習課題「賢治作品でリテラチャーサークルをしよう」を把握する。 新出漢字や難語句の確認をする。 音読の練習をする。 学習を振り返る。	・作品を読んで感じたことや考えたこと，疑問に思ったこと等を書かせる。 ・「やまなし」を読み，宮沢賢治の生き方や感じ方を知ることを伝える。他の賢治作品についてリテラチャーサークルで読み味わわせるようにする。 ●初読の感想をしっかりと文章にまとめている。（ノート）
第2次 3時	1 2 3 4	作品を音読する。 オノマトペ・色彩語・造語の確認をする。 作品の構成を読む。 学習を振り返る。	・オノマトペと造語の概念について教え，色彩語とともに本文中の箇所に印をつけさせる。また，賢治作品の特徴であることを理解させる。 ・額縁構造の構成について押さえる。 ・はじめとおわりの「語り」の意味や効果について話し合う。 ●賢治作品の特徴について理解し，物語の構成をとらえている。（ノート・観察）
4時	1 2 3 4 5	作品を音読する。 めあて「『五月』の世界を感じよう」について把握する。 「五月」に描かれている情景を図で表す。 「五月」の世界を一文で表す。 学習を振り返る。	・図は，登場人物・飛び込んできた物・水や光の様子・オノマトペを書く。 ・生命感に満ちた穏やかな季節だが，水中で起きている食物連鎖の生死を巡る実際について一文で表現させる。 ●「五月」の世界について理解している。（発言・ノート）

5時	1 2 3 4 5	作品を音読する。 めあて「『十二月』の世界を感じよう」について把握する。 「十二月」に描かれている情景を図で表す。 「十二月」の世界を一文で表す。 学習を振り返る。	・図は，登場人物・飛び込んできた物・水や光の様子・オノマトペを書く。 ・生命感の失われた寂しい季節だが，水中で起きている温かさのある生死を巡る実際について一文で表現させる。 ●「十二月」の世界について理解している。（発言・ノート）
6時	1 2 3 4 5	作品を音読する。 課題「『五月』と『十二月』の違いは何だろう」について考える。 「五月」と「十二月」の情景を対比する。 課題についての答えをまとめる。 学習を振り返る。	・「かにの会話や様子」「水や光の様子」「色」「飛び込んできたもの」等について対比する。 ●「五月」と「十二月」の場面で対比されている事物に気づき，課題に対する答えをまとめている。（ノート・発言）
7時	1 2 3 4 5	作品を音読する。 課題「なぜ，やまなしという題名をつけたのだろう」について考える。 考えや意見を交流する。 課題についての答えをまとめる。 学習を振り返る。	・賢治の考え方や生き方から，どちらの世界を望んでいたのかを考えさせる。 ・「五月」の場面は必要なのかどうかを吟味させる。 ●賢治の理想の世界について言及し，課題に対する答えをまとめている。（ノート・発言）
第3次 8時	1 2 3 4	めあての確認をする。 「賢治作品でリテラチャーサークルをしよう」 リテラチャーサークルの背景，目的，方法について理解する。 賢治作品を読むためのルーブリックを話し合って作成する。 学習を振り返る。	・各々の「読み」を深める読書法であることを押さえる。 ・賢治の作品を読み，どんな「読む力」をつけるか話し合って決めさせる。 ●リテラチャーサークルについて理解し，賢治作品を読むためのルーブリックを話し合って決めている。（発言・ワークシート）
9時	1 2 3 4	グループ内で担当する賢治作品を読む。 自分の役割に関するワークシートに「読み」を記入する。 ルーブリックを意識しながらワークシートを基に話し合う。 学習を振り返る。	・読んだ場合は，終わるまで再読する。 ・書き切れない場合は，話し合いの時間で伝えるようにする。 ・話し合いが途切れないようにさせる。 ・感想について話し合い，共有させる。 ●リテラチャーサークルを通して，賢治の世界を味わっている。（観察・ワークシート）

言語活動の概要

「リテラチャーサークル」は，1990年代から2000年代にアメリカで盛んになった読書法です。好きな本を選んだ人がグループをつくり，それぞれが同じ箇所を異なった視点で読んで話し合う読書法です。

今回，第3次の言語活動として，賢治作品の「リテラチャーサークル」に取り組みました。「やまなし」で学習した賢治作品の特徴や世界観，賢治の思いや理想などについて，宮沢賢治の他作品を読み合うことによってさらに深く理解することを目標としました。

授業の流れは，まず4人の生活班で，図書室にある賢治作品を読みます（15分）。その後，下記の役割に分かれ，それぞれの視点で作品についての「読み」を書きます（5分）。そして，各視点からの「読み」をグループで話し合います（20分）。最後にグループで作成したルーブリックで振り返りを行います（5分）。

それぞれの役割は以下の通りです。

●思い出し屋（コネクター）……………本で読んだことと他のこととのつながりを見つける役割。
●質問屋（クエスチョナー）……………疑問やグループで話し合いたいことを考える役割。
●照明屋（リテラリー・ルミナリー）…印象に残った特別な箇所を取り上げ，理由を伝える役割。
●イラスト屋（イラストレーター）……自分の好きなことや場面を絵にする役割。

『雪わたり』『どんぐりと山猫』『オツベルと象』『ざしき童子のはなし』『注文の多い料理店』『狼森と笊森，盗森』を各グループで読み合いました。1時間で一冊の扱いになるため，時間を工面して全部の物語を「リテラチャーサークル」で読むようにしました。

言語活動の実際

❶賢治作品を読むためのルーブリックを話し合って作成する（第8時）

　賢治の作品を読み，どんな「読む力」をつけるか各グループで話し合って評価の項目をつくります。

> 賢治作品を読むためのルーブリックをつくろう！

T　ルーブリックとは，簡単に言うと「評価するための表」のことです。これから宮沢賢治の他の作品を読んでいきますが，ただ読んで楽しむのではなく，活動の評価を自分たちでつけてほしいと思います。評価の項目をグループで話し合いましょう。項目の数は5つにします。
C　例えばどのようなものですか？
T　そうですね。例えば「新しい物語を読んで，賢治の作品がもっと好きになったか」はどうでしょう？
C　ああ，なるほど。
T　それでは，各自で項目の案を考えてみましょう。

　各自で項目の案を考えた後，グループで話し合って5つの項目を決めていきます。

C　ぼくは，「賢治の伝えたいことがわかったか」を考えたよ。
C　私もそれに似ている。
C　それいいね。おもしろそう。
C　『やまなし』のときは難しかったけど，伝えたいことをみんなで考えたから，他の作品でも考えてみたい。
C　じゃあ，ルーブリックに入れてみよう。

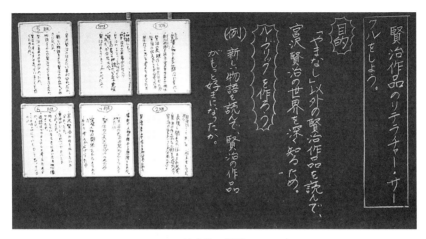

第8時の板書

❷賢治作品でリテラチャーサークルの実践をする(第9時)

　宮沢賢治の他の作品をグループで読み合いました。『やまなし』の既習があるため,共通点や相違点などの比較をしながら読み進めることができます。また,一人ひとりの役割が違うため,自分の「読み」とは違った角度からの友だちの「読み」に触れることができます。

『オツベルと象』を読んだグループの話し合い
C　次は「照明屋」からの話し合いです。私が心に残ったことは「のんのんのんのん」という,「新式いねこき機械」の音です。
C　それはどうしてですか?
C　理由は,この音によって様子を思い浮かべられるからです。『やまなし』でもたくさん出てきたオノマトペだと思います。
C　ああ。「トブン」とか「もかもか」ね。
C　そう。宮沢賢治の作品の特徴だと感じました。

『やまなし』で培った視点を基に『オツベルと象』について語り合います

C 他に心に残ったことは、くさりがついていてかわいそうなのに象が一生懸命に働いたところです。○○さんはどうですか？
C 私の心に残ったことは、童子と象の仲間たちが白象を助けるところです。とても迫力がありました。
C ぼくも同じところが心に残ったし、感動しました。まるで「もののけ姫」の場面のようでした。
C ああ、わかる！
C 次は「質問屋」からの話し合いです。ぼくが疑問に思ったことは、最後の一文です。「おや、川へはいっちゃいけないったら」ってどういう意味なんだろう。みんなはどういう意味だと思いますか？
C 言われてみれば確かに。
C 私もそこがとても気になりました。

C たぶん，白象がはじめてオツベルから仕事を言われたのが水やりだったからだと思います。
C それだとどうして最後に出てくるの？
C 白象はもうろうとしていて，仕事をしようとしていたのかもしれない。
C なるほど。それだとつながるかも。
C 最初の文の「ある牛飼いがものがたる」とつながっていると思います。
C どういうこと？
C 『やまなし』と同じ額縁構造だと思う。『やまなし』は，「二枚の青い幻灯です」で始まって「私の幻灯はおしまいであります」で終わって現実に戻ったよね。だから，『オツベルと象も』牛飼いの話を聞いていた人が川に入っていったのだと思う。額縁のところは現実なんじゃないかな。

賢治作品について各グループそれぞれが読みを深めています

（大江　雅之）

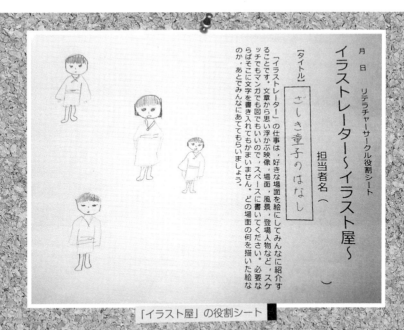

「イラスト屋」の役割シート

自分たちで作成したルーブリックに沿って自己評価を行います

第2章 物語文の言語活動例20

6年 海の命

人物の生き方について語り合う「生き方交流会」を開こう！

単元計画（7時間）

次／時	学習活動	・指導／●評価
第1次 1時 〜 2時	1 単元のゴール「人物の生き方について語り合う『生き方交流会』を開く」を知る。 2 教師の範読の後，「海の命」を音読する。 3 子どもが書いた初発の感想を基に，単元の課題「父を破った瀬の主を，太一はなぜうたなかったのか」を設定する。 4 本時の学習を振り返る。	・単元を通した課題を設定するために，初発の感想に「登場人物の心情」「人物同士の相互関係」「場面の描写」についての疑問を書かせるようにする。 ・その他の疑問を「おとう」「与吉じいさ」「母」の3つに分類し，1時間ごとに読み解く課題を設定する。 ●単元の見通しをもち，単元の課題を解決しようとしている。（発言・ノート）
第2次 3時	1 本時の課題「太一とおとうはどのような関係と言えるのだろう」について，自分の考えをまとめる。 2 課題に対する考えを，ペアやグループ，全体で意見交流する。 3 本時の学習を振り返り，人物関係図に太一とおとうの関係をまとめる。	・太一が瀬の主をうたなかった理由を読み解くために，本時の課題を読み解いていくのだということを確認する。 ・話し合いの状況に応じ，第二の課題として「なぜ，自慢しないおとうが，命をかけてまで瀬の主を取ろうとしたのだろう」について話し合わせていく。 ●太一とおとう，それぞれの人物像と2人の相互関係について，物語の叙述を根拠に，自分の言葉で理由づけて書いている。（ノート・観察）

4時	1	本時の課題「太一と与吉じいさはどのような関係と言えるのだろう」について，自分の考えをまとめる。 2 課題に対する考えを，ペアやグループ，全体で意見交流する。 3 本時の学習を振り返り，人物関係図に太一とおとう，与吉じいさの関係をまとめる。	・話し合いの中で与吉じいさの「千びきに一ぴきでいいんだ。…」と「おまえは村一番の漁師だよ」の会話文の意味を考えられるように，発問を行う。 ●太一と与吉じいさ，それぞれの人物像と2人の相互関係について，物語の叙述を根拠に，自分の言葉で理由づけて書いている。（ノート・観察）
5時	1 本時の課題「母が見た『おまえの心の中』とは何なのだろう」について，自分の考えをまとめる。 2 課題に対する考えを，ペアやグループ，全体で意見交流する。 3 本時の学習を振り返り，人物関係図に太一と母の関係をまとめる。	・話し合いの状況に応じて，「太一が背負った母の悲しみ」とは何なのかについても考えられるようにする。 ●太一と母の相互関係について，物語の叙述を根拠に，自分の言葉で理由づけて書いている。（ノート・観察）
6時	1 単元の課題「父を破った瀬の主を，なぜ太一はうたなかったのだろう」について自分の考えをまとめる。 2 課題に対する考えを，ペアやグループ，全体で意見交流する。 3 本時の学習を振り返り，人物関係図に太一とクエの関係をまとめる。	・これまで読んできたことを関連づけて，本時の課題を解決していく。 ●クエをうたなかった太一の思いを，おとうの会話文や与吉じいさの教え，クエの描写と関連づけて，自分の言葉でまとめている。（ノート）
7時	1 人物の生き方について語り合う「海の命交流会」を開く。 2 課題に対する考えを，ペアやグループ，全体で意見交流する。 3 本時の学習を振り返る。	・4年生で学習した「ごんぎつね」，5年生での「大造じいさん」，そして6年生での「太一」の生き方についての自分の考えを交流する。 ・朝自習の時間を使い，既習の「ごんぎつね」「大造じいさんとガン」の一枚プリントを読み復習しておく。 ●3人の登場人物の生き方について，比較や関連づけをして考えた自分の読みをまとめている。（ノート）

言語活動の概要

　単元の導入において、「海の命」の音読をする中で、子どもたちは太一の生き方に魅かれていくでしょう。父と同じ漁師の仕事を選び、一緒に海に出ると誓った太一の思いを打ち砕いた瀬の主「クエ」を追い求め、与吉じいさと出会い成長し、母の思いを背負いながら海に向かう太一。そして、追い求めたクエに出会った太一は、そのクエをうつことはありませんでした。そんな太一の生き方から子どもたちは自然と自己の考えを形成していくでしょう。

　この太一の生き方は、他の物語の中心人物の生き方と比較したり、関連づけたりして読むことで、さらに深みが増します。そこで、4年生と5年生で学習した「ごんぎつね」「大造じいさん」の生き方とつなげて読むことのできる言語活動を設定しました。

　この3つの物語を選んだ理由は「うつ」「うたない」でつながりがあるからです。心のすれちがいによって兵十にうたれてしまったごん、うとうとしたが残雪の姿に心動かされ、うつことをやめた大造じいさん、そしてクエをうたないことを選択した太一。この3者の生き方について単元末に交流していきました（3つの物語「うつ」「うたない」によるつながりは、兵庫教育大学名誉教授の中洌正堯先生にご指導いただきました）。

　この交流会に向けて、子どもたちは「海の命」を読み解いていきます。読みの課題は、子どもたちの初発の感想に書かれた疑問を基に設定していきます。人物同士の相互関係に関する疑問を書かせ、出された疑問を人物ごとに分類していきます。その中で、物語全体を通して読むべき課題として「父を破った瀬の主を、太一はなぜうたなかったのか」を設定します。また、1時間ごとの課題を設定するために、太一とそれぞれの関係をどのように読むとよいかというような、少し大きめの課題を設定していきます。この1時間ごとの課題を解決する中で、単元の課題解決に生かせる内容を読み取らせていきます。そのような課題解決のサイクルを通して、「海の命交流会」に向かわせます。

言語活動の実際

❶人物の相互関係を「人物関係図」に書き込んでいく（第3～6時）

　第2時に設定した読みの課題を基に，太一とおとう，与吉じいさ，母との相互関係を読み解いていき，その内容を1枚の画用紙に書き込んでいきます。

　授業の基本的な流れとして，まず，2人の相互関係をどのように書くとよいのかを考えられるようにし，登場人物の人物像をとらえさせます。その後，2人の相互関係を考えさせていくのです。また，話し合いの状況に合わせて，より深くそれぞれの人物像を読むことのできる2つめの課題を設定していきます。このような学びを通して，主体的・対話的で深い学びを生み出していくのです。

　第3時の太一とおとうの関係を読み解いていった授業について具体的に説明します。

> 太一とおとうの関係を読み，人物関係図に自分の考えを書き入れよう。

T　まず，おとうと太一の関係を読む前に，おとうってどんな人って聞かれたら，なんて答えるかな？　いわゆる「おとうの人物像」ですね。5分とるので個人で考えましょう。
C　おとうは海のめぐみをありがたく思っている人。それは，9行目のおとうの言葉からわかる。
C　だれも潜れない瀬に1人で潜るから，やっぱり勇気がある人。
C　同じところからわかることで，もぐり漁がうまいってわかる。
C　つけ加えで，村一番のもぐり漁師ってわかる。
T　でも，この村一番のもぐり漁師ってだれが言っているの？
C　太一が言っている。
　（この後もおとうの人物像についてに発表させる）

T　たくさん出ましたね。でもね，ここまで読んでいくと新たな疑問が出てこないかな。○○さんが初発の感想に書いていたんだけどね，お父さんは村一番のもぐり漁師で，自慢しない人でいいんですよね？　遠慮深い人，海のめぐみをありがたがれる人でいいんですよね？　では，おとうはどうしてこのクエを命をかけてとらないといけないのかな？　海のめぐみならとれないと思ったら逃げればいい。だって，○○さんが言う通り，おとうはプロ級なわけだから。逃げればいいのに，なんで命をかけてまでクエをとろうとしなければならなかったんだろう？

　各自が考えるおとうの人物像を交流した後，子どもたちの読みをさらに深めるために，子どもたちの初発の感想に書かれた疑問などを取り上げ，第二の課題を設定していきます。

C　漁師としてのプライド。○○さんと一緒で，もっとすごい漁師になるために，自慢はしないけど，内心そう思っているんじゃないかな。
C　村一番の漁師としてのプライドがあって，とらないと他の人に負けるという気持ちもあるし，あとせっかくの海のめぐみをとらないといけないという気持ちもある。あと息子を喜ばせたい気持ちもある。
C　太一の視点で考えて，昔から太一はおとうと海に出るってはばからなかったから，おとうもそれを知っていて，太一にこれが本当の漁師の姿だって教えたかったんじゃないかな。命をかけるってことを教えた。
C　さっき自分の考えを貫き通すってあったでしょ。自分のやろうとしたことをやり通す感じで，とると決めたから最後までとろうとしたんじゃないかな。

　子どもたちの読みを揺さぶる発問をすることで，人物関係図に書く自分の考えを深めていきます。この発問に対する子どもの活動は，オープンエンドの形でまとめていきます。

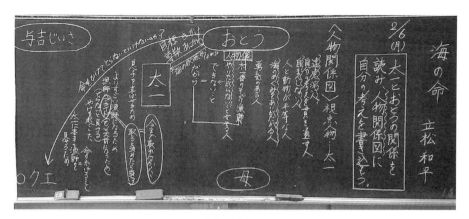

第3時の板書

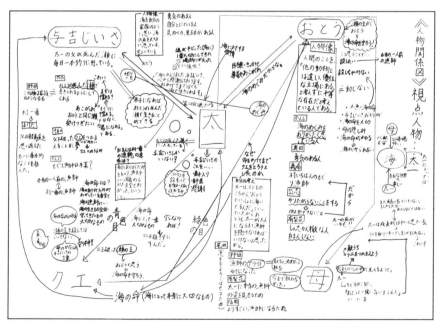

単元を通して書き加えていく「人物関係図」

❷「海の命交流会」を開く(第7時)
　前時までの学習を生かして,「海の命交流会」を開きます。「ごんぎつね」「大造じいさん」の生き方と「太一」の生き方を比べて考えたり,つなげて考えたりすることで,太一の生き方に対する自分の考えを深めていきます。

T　今日配ったプリントが2枚あったでしょ。何だった?
C　「ごんぎつね」と「大造じいさんとガン」です。
T　実はこの2つの物語と,今読んでいる「海の命」はつながりがあるの。共通点とも言えるかな。何があるんだろうね?
C　人間と生き物の命の関係。
C　命の話がある。
C　全部対決するシーンがある。
C　生命のつながり。
T　なるほどね。ありがとう。実は,この3つの作品は,「うつ／うたない」というつながりがあるの。
C　ああ,そうか。
C　そう言われるとそうだ。

　この後,教科書の挿絵を黒板に貼りながら,「ごんをうった兵十」「残雪をうたなかった大造じいさん」「瀬の主を殺さなかった太一」ということを板書してまとめます。
　そして,それぞれの「うつ／うたない」は同じか違うかを尋ね,それぞれが違うものになっていることを確認し,3人の生き方を比べたり,つなげたりしながら,太一の生き方を自分はどう考えるのかをノートにまとめさせ,話し合いに進めていきました。

C　自分の夢を捨ててまで他の人のことを考える太一の生き方はすごいと思う。

C 太一は瀬の主を海の命だと思っているんだから，そのクエを殺したときに，その海まで影響が及ぶって話じゃないですか。だから，殺さない方がよかったんだと思います。
T なるほどね。この３人の中で，うった人いるでしょ？
C 兵十！
T 兵十どうだったと思う？　うった後は。
C 兵十はうつ前に，太一みたいに深く考えていないから，すごく後悔している。太一はうってもうたなくてもその前に深く考えているから，人生後悔していないと思う。
C ○○さんと同じで，「ごんぎつね」の兵十は，まだごんのことも思ってもいなくて，ただのきつねとしか思っていなくて，でも太一はちゃんと自分がやっていることは正しいのかって，クエのことまで思って行動しているから，太一の判断はいいと思う。
T 太一はクエのことを見ていたのか。よく見ているよね。大造じいさんの生き方はどう思う？
C 大造じいさんは残雪の行動に感動してうたなかった。
C 僕は大造じいさんが太一に似てると思うんですけど，太一はクエのことを殺そうとしたけど殺さなくて，大造じいさんも残雪をうとうとしたけどやめている。大造じいさんのうたなかったことは正解だと思う。
C 大造じいさんと太一の人生というか，生き方が同じ。クエを殺そうとしたけど，おとうや母のことを思い出して殺さなかったのが太一で，ハヤブサが来てガンを守ろうとした残雪を見てうたなかったのが大造じいさん。
C 大造じいさんがハヤブサの事件を見ていなかったらうっていたと思うから，大造じいさんは残雪がハヤブサと対決するまでしっかり見ることができていなかったと思う。だから，太一のうたないとはちょっと違うと思う。

この「海の命生き方交流会」を通して，うつことを選択されたごんや，うたないことを選択した大造じいさんの生き方と太一の生き方を比較したり，関連づけたりしながら読み解いていくことで，太一の「クエをうたない」という生き方に立ち止まり，自分の考えを再構成させていきました。

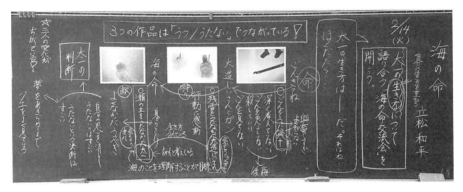

第7時の板書

● 3人の会話
C1　ぼくはごんぎつねと大造じいさんと太一は全部違うと思っていて，ごんぎつねの兵十は考えずにうったでしょ。海の命の太一は，瀬の主のことや与吉じいさのことを考えていることが，クライマックス場面の描写からわかる。だけど，大造じいさんは，考えるというよりは大造じいさんの卑怯なやり方ではやりたくないという考え方がかかわっていると思う。
C2　考え方というよりも思いついたんじゃない？
C3　思いついたのは，太一とは違うよね。太一は瀬の主と向き合って，短い時間だけど，瞬間的に考え抜いてる。

（中尾　聡志）

「海の命交流会」の様子

「海の命交流会」を通して完成させた国語ノート

第2章 物語文の言語活動例20

6年　風切るつばさ

「風切るつばさ」パンフレットをつくろう！

単元計画（8時間）

次／時	学習活動	・指導／●評価
第1次 1時	1　絵本で範読を聞く。 2　音読をする。 3　基本となる設定を確認する。（時・場・人物） 4　「何が，どのように，どうして変わったのか」についての自分の読みをもつ。	・音読の際に，わからない言葉に線を引き，意味を確認する。 ●これまでの学習を想起し，中心人物の変容について自分の考えを書いている。（ノート）
第2次 2時	1　クルルが変容する前のマイナスを読み取る。 2　クラスで考えを交流する。 3　クルルが変容した後のプラスを読み取る。 4　クラスで考えを交流する。 5　次時の課題を知る。	・物語の中で，中心人物のマイナスがプラスに変容することが多いことを確認する。 ・変容前と変容後に分けて板書する。 ●行動描写，心情描写等を根拠に，中心人物の変容について読み取っている。（ノート・観察）
3時	1　前時の振り返りをする。 2　クルルが変容したきっかけについて読み取る。 3　読み取ったことを交流する。	・前時に話し合った変容前と変容後の中心人物について板書する。 ・「カララは何もしていないよね？」とゆさぶることにより，カララの行動に着目させる。 ●行動描写，心情描写等を根拠に，中心人物の変容について読み取っている。（ノート・観察）

4時	1	「風を切るつばさの音すら」の「すら」について考える。	・「風を切るつばさの音も」と置き換えてみて、意味の違いについて考えさせる。
	2	クルルにとっての「つばさ」がもつ意味について考える。	・クルルにとって、つばさは特別なものであることを押さえる。
			・「つばさは何を象徴しているのだろう」
			●ノートに自分の考えが書けている。（ノート・観察）
5時	1	作品の主題を書き、その解説文を書く。	・困っている子どもには、「人ってね〜」「人にとって大切なことはね〜」という書き出しを与える。
	2	それぞれの書いた主題を交流する。	●主題が書けている。（ノート）
第3次 6時〜7時	1	人物関係図について説明を聞く。	・マンガや映画のパンフレットに載っている人物関係図を見せ、人物関係図のイメージをもたせる。
	2	「風切るつばさ」パンフレットをつくる。	・書き始めに困っている子どもには、近くの人の書いている図を参考にしながら書いてよいことを伝える。
		・登場人物の関係を図に整理する（変容前と変容後に分けて書く）。	・人物関係図と主題以外は、自分が書き足したいものを書いてよいことを伝える。
		・主題やあらすじなども書く。	●人物関係図が書けている。（作品）
8時	1	前時までにつくった人物関係図を交流する。	・付箋にコメントを書きながら交流させる。
	2	人物関係図のよさについて話し合う。	・自分の人物関係図と比較しながら交流させる。
			・人物関係図のよさを考えながら交流させる。
			●人物関係図のよさに気づき、話し合っている。（ノート・観察）

言語活動の概要

　この単元の目標は，「人物と人物の関係を手がかりに，人物の心情を考えながら読むことができる」です。対人物に着目し，中心人物の変容を読んでいくことが，学習の中心になっていきます。このことは，後の「海のいのち」の学習にも生かされていく，重要な読みの観点です。人物と人物の関係を考えて，中心人物の変容をとらえていくことが，単元を通した学習の柱になっていきます。

　単元の最後には，パンフレットづくりの言語活動を取り入れます。書く内容は以下の通りです。

①変容前の中心人物周辺の人物関係図（おおもとの設定）
②変容後の中心人物周辺の人物関係図
③作品から受け取ったメッセージ（主題）

　その他，あらすじや作品のキャッチコピーなど，子どもたちの書きたい内容を自由に書いてよいことにします。楽しみながら書いていくことが大切です。

　人物関係図に整理していくことで，中心人物が周辺の人物との関係の中で変容していっていることを可視化できます。子どもたちが次に出合う新しい物語作品を，登場人物の関係に着目して読むことができる力をここでつけていきましょう。

　さらに，人物関係図を書くことだけで終わらないようにしていきたいものです。人物関係図を書き終えたあと，人物関係図のよさについても，子どもたち自身が気づくことができる時間を設けます。子どもたちがよさを実感できてこそ，他の物語でも活用しようとする子どもの姿が増えていくのです。

言語活動の実際

❶中心人物の変容のきっかけを読む（第3時）

　前時に，中心人物クルルがどのように変容したのか（マイナスとプラス）を，対人物カララとの関係に着目しながら読んできています。
　この時間（第2時）の最後に，
「みんなは対人物がカララだっていうけど，実際何もしていなくない？ クルルが飛べたのはキツネのおかげだよ！」
と揺さぶると，
「違うよ！　カララの存在が大事！」
という反応がありました。
「では次の時間にクルルが変容したきっかけについて考えていこう」と，前時は終わっています。

> クルルが変容したのはなぜ？

T　カララのおかげで飛べるようになったと言っている人がいるけど，何もしていなくない？　キツネがおそってくれたからじゃないの？
C　「クルルの心が少しずつ解けていく気がした」って書いてあるでしょ？ ここですでにクルルの心が変わってきているってことだから，カララのおかげって言える。
C　もし，クルルの心が解けていない状態でキツネが出てきても，こんなことにはなっていない。カララが来てクルルの心が変わっていったからはばたくことができたのだと思う。
C　一緒にいてくれるカララがいてクルルが変わった。
C　カララが寄りそってくれたことが大事。
T　そうか。でも，何も言わずに寄りそうだけで，変わるのかな？

C　クルルは死ぬ覚悟だったことを考えると，言葉ではなく寄りそうことの方が心に響くんじゃない？
C　うん。カララは，クルルが自分を責めて自分のことが嫌になって，死ぬ覚悟をしているということがわかっているから，何も言わなかったのだと思う。
C　寄りそいながら一緒に死ぬ覚悟をしているカララを，クルルも理解した。だって，はじめの設定に書かれているように，クルルはカララのよき理解者だし。
T　カララが寄りそい，死ぬ覚悟をしていることがクルルに伝わったということが，クルルの変容につながっていったということかな。

　他にも，「ひとりぼっちではない」「みじめな自分を受け入れてくれる存在がいる」など，クルルとカララの関係を表す発言がありました。どれも，クルルが飛ぶことができるようになったことにつながっているのだということを確認して，本時は終了しました。

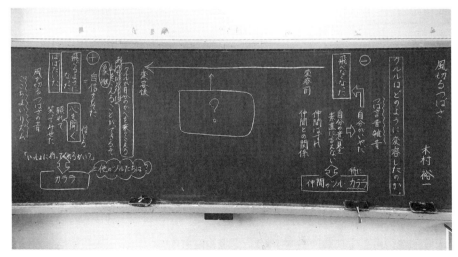

第2時（前時）の板書

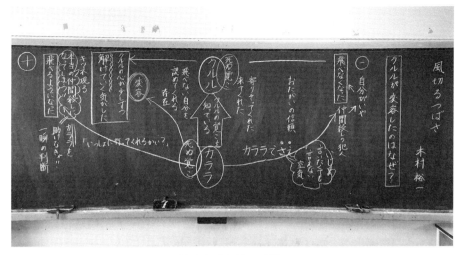

第3時(本時)の板書

❷人物関係図の交流をする(第8時)

　前時までに、各自が人物関係図を含むパンフレットを完成させています。それらをグループで交流していきます。その際、2つ注意点を伝えます。1つは、自分の人物関係図と比べながら、同じところ違うところを見つけるこ

とです。そうすることで、読みが広がったり、深まったりしていきます。もう1つは、人物関係図のよさを考え、後で交流できるようにすることです。

T　人物関係図のよさはどんなところにあると思う？
C　複雑な人物の関係が整理できるところ。
C　わからないところがわかるのがおもしろいと思った。書けない矢印があって、物語の最後にはクルルと仲間のアネハヅルの関係はどうなったのかとか謎であることがわかった。
C　矢印を書かないといけないと思うと、あらためて文章を読み返さないといけないから、たくさん考えた。
T　人物関係図を書くことで、これまでに読めなかった人物の関係が見えてくるのもよいところってことだね。

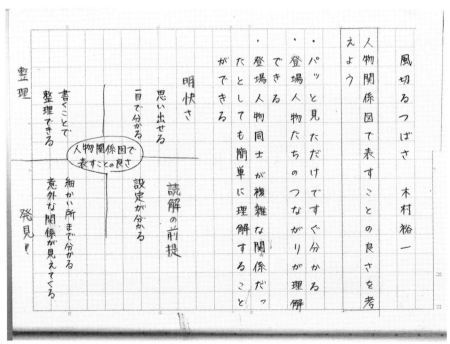

（佐藤　司）

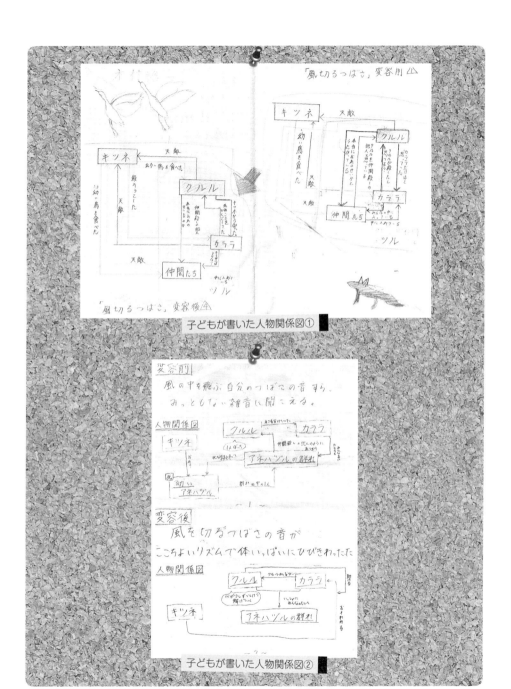

【執筆者一覧】

二瓶　弘行（桃山学院教育大学）

大江　雅之（青森県八戸市立桔梗野小学校）
小林　康宏（公立小学校）
佐藤　　拓（北海道網走市立中央小学校）
佐藤　　司（大阪府豊中市立寺内小学校）
宍戸　寛昌（立命館小学校）
手島　知美（愛知県みよし市立三吉小学校）
中尾　聡志（熊本大学教育学部附属小学校）
長屋　樹廣（北海道教育大学附属釧路小学校）
比江嶋　哲（宮崎県都城市立五十市小学校）
広山　隆行（島根県松江市立大庭小学校）
藤井　大助（香川県高松市立古高松小学校）
藤田　伸一（公立小学校）
藤原　隆博（東京都江戸川区立船堀第二小学校）

【編著者紹介】

二瓶　弘行（にへい　ひろゆき）

桃山学院教育大学教授
前筑波大学附属小学校教諭
全国国語授業研究会理事，東京書籍小学校国語教科書『新しい国語』編集委員
著書に，『二瓶弘行の「物語授業づくり一日講座」』（文溪堂，2011年），『子どもがどんどんやる気になる　国語教室づくりの極意　学級づくり編』（東洋館出版社，2015年），『子どもがいきいき動き出す！　小学校国語　言語活動アイデア事典』（明治図書，2015年），『どの子も鉛筆が止まらない！　小学校国語　書く活動アイデア事典』（明治図書，2016年），『今日から使える！　小学校国語　授業づくりの技事典』（明治図書，2017年），『すぐに使える！　小学校国語　授業のネタ大事典』（明治図書，2017年），『5分でできる！　小学校国語　ミニ言語活動アイデア事典』（明治図書，2018年），『言葉の力がぐんぐん伸びる！　二瓶＆夢塾流　国語教室づくりアイデア事典』（明治図書，2018年）他多数

【著者紹介】

国語"夢"塾（こくご"ゆめ"じゅく）

みんなわくわく
小学校国語　物語文の言語活動アイデア事典

2019年2月初版第1刷刊 2020年11月初版第2刷刊	Ⓒ編著者　二　瓶　弘　行
	発行者　藤　原　光　政
	発行所　明治図書出版株式会社
	http://www.meijitosho.co.jp
	（企画）矢口郁雄　（校正）大内奈々子
	〒114-0023　東京都北区滝野川7-46-1
	振替00160-5-151318　電話03(5907)6701
	ご注文窓口　電話03(5907)6668
＊検印省略	組版所　藤　原　印　刷　株　式　会　社

本書の無断コピーは，著作権・出版権にふれます。ご注意ください。

Printed in Japan　　　　　ISBN978-4-18-265663-7
もれなくクーポンがもらえる！読者アンケートはこちらから　→

学級,授業づくりが楽しくなるアイデア満載！

静岡教育サークル「シリウス」編著

学級力がアップする！
教室掲示&レイアウト アイデア事典
144p／1,700円+税　図書番号【1153】

クラスがみるみる活気づく！
学級&授業ゲーム アイデア事典
144p／1,800円+税　図書番号【1612】

子どもがいきいき動き出す！
係活動システム&アイデア事典
144p／1,800円+税　図書番号【1742】

クラスがぎゅっとひとつになる！
成功する学級開きルール&アイデア事典
160p／1,900円+税　図書番号【0508】

子どもが進んで動き出す！
掃除・給食システム&アイデア事典
160p／1,860円+税　図書番号【1970】

子どもがイキイキ取り組む！
朝の会&帰りの会 アイデア事典
152p／1,800円+税　図書番号【2085】

進んで学ぶ子どもが育つ！
授業づくりメソッド&アイデア事典
160p／1,860円+税　図書番号【2494】

クラスがもっとうまくいく！
学級づくりの大技・小技事典
160p／2,000円+税　図書番号【1944】

子どものやる気がぐんぐんアップ！
授業づくりの小技事典
144p／1,800円+税　図書番号【1882】

アイスブレイクからすきま時間まで
学級&授業 5分間活動アイデア事典
152p／1,800円+税　図書番号【2263】

明治図書　携帯・スマートフォンからは　**明治図書 ONLINE へ**　書籍の検索、注文ができます。　▶▶▶

http://www.meijitosho.co.jp　＊併記4桁の図書番号でHP、携帯での検索・注文が簡単にできます。
〒114-0023　東京都北区滝野川7-46-1　ご注文窓口　TEL 03-5907-6668　FAX 050-3156-2790